성경 핵심 본문으로 드리는 가정 예배

# 우리 가족
# 성경 탐험

*Exploring the Bible Together: A 52-Week Family Worship Plan*
Copyright © 2020 by David P. Murray
Published by Crossway
a publishing ministry of Good News Publishers
Wheaton, Illinois 60187, U.S.A.

This Korean translation edition © 2021 by Duranno Ministry, Seoul, Republic of Korea
This edition published by arrangement with Crossway through rMaeng2, Seoul, Republic of Korea.
All rights reserved.

이 한국어판의 저작권은 알맹2 에이전시를 통하여 Crossway와 독점 계약한 두란노서원에 있습니다.
신 저작권법에 의하여 한국 내에서 보호받는 저작물이므로 무단 전재와 무단 복제를 금합니다.

# 우리 가족 성경 탐험

지은이 | 데이비드 머리
그린이 | 스카티 리프스나이더
옮긴이 | 김주성
초판 발행 | 2021. 1. 20
등록번호 | 제1988-000080호
등록된 곳 | 서울특별시 용산구 서빙고로65길 38
발행처 | 사단법인 두란노서원
영업부 | 2078-3333 FAX | 080-749-3705
출판부 | 2078-3332

책값은 뒤표지에 있습니다.
ISBN 978-89-531-3925-1 03230

독자의 의견을 기다립니다.
tpress@duranno.com   www.duranno.com

두란노서원은 바울 사도가 3차 전도 여행 때 에베소에서 성령 받은 제자들을 따로 세워 하나님의 말씀으로 양육
하던 장소입니다. 사도행전 19장 8-20절의 정신에 따라 첫째 목회자를 돕는 사역과 평신도를 훈련시키는 사역,
둘째 세계선교TIM와 문서선교단행본·잡지 사역, 셋째 예수문화 및 경배와 찬양 사역, 그리고 가정·상담 사역 등을 감
당하고 있습니다. 1980년 12월 22일에 창립된 두란노서원은 주님 오실 때까지 이 사역들을 계속할 것입니다.

성경 핵심 본문으로 드리는 가정 예배

# 우리 가족
# 성경 탐험

데이비드 머리 지음
김주성 옮김

**Exploring the Bible**
**Together**

두란노

CONTENTS

**성경 탐험을 떠나기 전에**   •   6

■
**구 약**

탐험 1.   아름다운 세상   •   18

탐험 2.   망가진 세상   •   26

탐험 3.   물에 잠긴 세상   •   34

탐험 4.   특별한 아들을 주시겠다는 특별한 약속   •   42

탐험 5.   길고 고통스러운 테스트   •   50

탐험 6.   노예 생활에서 구출되다   •   58

탐험 7.   새 나라, 새 법   •   66

탐험 8.   동물의 피, 광야의 흙먼지   •   74

탐험 9.   뒤를 보고, 앞을 보고, 위를 보다   •   82

탐험 10.   약속의 땅에 들어가기   •   90

탐험 11.   나쁜 왕과 좋은 왕   •   98

탐험 12.   특별한 왕을 주시겠다는 특별한 약속   •   106

탐험 13.   다윗의 노래   •   114

탐험 14.   포로로 끌려가는 백성   •   122

탐험 15.   다시 세워 가는 나라   •   130

탐험 16.   마귀의 공격   •   138

탐험 17.   오실 왕에 대한 노래 1   •   146

탐험 18.   오실 왕에 대한 노래 2   •   154

탐험 19.   갈림길   •   162

탐험 20.   선택   •   170

탐험 21.   위험한 곁길   •   178

탐험 22.   사랑 노래   •   186

탐험 23.   간절한 기다림   •   194

탐험 24.   점점 커지는 기대   •   202

**신약**

탐험 25.　뜻밖의 장소 • 210

탐험 26.　성전에서, 요단강에서 • 218

탐험 27.　산 위의 교회 • 226

탐험 28.　미운 사람 • 234

탐험 29.　하늘의 보물 • 242

탐험 30.　두 종류의 집 • 250

탐험 31.　문제가 생긴 결혼식, 더러운 성전 • 258

탐험 32.　한밤에 찾아온 손님 • 266

탐험 33.　광야에서 만난 생수 • 274

탐험 34.　예수님의 놀라우심 • 282

탐험 35.　잃어버린 것 찾기 • 290

탐험 36.　목자, 종, 건축자, 포도나무 • 298

탐험 37.　가장 어두웠던 밤 • 306

탐험 38.　가장 불의한 재판 • 314

탐험 39.　가장 슬픈 죽음 • 322

탐험 40.　눈부시게 환한 아침 • 330

탐험 41.　온 세상을 위한 복음 • 338

탐험 42.　박해자에서 전도자로 • 346

탐험 43.　복음을 받아들인 세 사람 • 354

탐험 44.　아덴(아테네) • 362

탐험 45.　세상 왕에게 복음을 전하다 • 370

탐험 46.　복음의 신비로운 풍경 • 378

탐험 47.　사랑의 길 • 386

탐험 48.　좋은 열매 • 394

탐험 49.　믿음의 전당 • 402

탐험 50.　불사르는 혀, 장차 불탈 세상 • 410

탐험 51.　성경 탐험=예수님 탐험 • 418

탐험 52.　새 세상 • 426

끝, 그리고 새로운 시작 • 434

# 성경 탐험을 떠나기 전에

자녀를 키우는 그리스도인이라면 누구나 한 번쯤 집에서 사랑하는 아이들과 함께 드리는 가정 예배를 꿈꿨을 것이다. 온 가족이 둘러앉아 함께 성경을 읽고 함께 기도하고 하나님을 찬양하는 습관을 들이는 것은 영적으로 매우 고귀하고 또 중요한 일이다.

문제는 가정 예배를 드리는 방법이다. 아마도 많은 사람들이 이미 가정 예배를 시도해 봤으나 몇 번 하다가 흐지부지됐을 것이다. 많은 경우 그렇게 되고 마는 이유를 크게 세 가지 정도로 정리할 수 있다. 너무 원대한 목표를 품고 덤볐거나, 아무런 계획 없이 시작했거나, 가정 예배 시간에 은혜를 받지 못했거나.

첫째, 목표를 너무 이상적으로 높이 잡아서다. 가정 예배를 하나의 작은 교회 예배처럼 만들려고 하면 준비와 실행에 시간과 품이 너무 많이 든다. 그러다 보면 예배를 계속 이어 나가기가 점점 부담

스러워진다. 둘째, 일관된 계획이 없어서다. 그러면 어느 순간 성경 읽기가 조금씩 삐거덕거리다 이내 목표를 잃고 표류한다. 마지막으로, 가정 예배 시간이 은혜가 되지 못해서다. 말씀 가운데 임하는 풍성한 은혜가 가정 안에 막힘없이 흐르려면, 기계적으로 성경을 읽기만 해서는 안 되고, 읽은 말씀에 대한 묵상과 해석, 적용할 점을 가족끼리 서로 솔직하게 이야기하고 공유해야 한다.

《우리 가족 성경 탐험》은 가정 예배를 드리는 의미를 보다 확실하게 하고, 실제로 예배를 드리게 이끌어 준다. 첫째, 목표가 현실적이다. 하루에 대략 성경 다섯 절 정도를 읽는다(분량이 조금 적거나 조금 많은 날도 있다). 전체 예배 시간이 몇 분밖에 걸리지 않는다. 둘째, 계획과 방향이 분명하다. 창세기부터 요한계시록까지 중요한 구절들을 살펴본다. 간단한 설명을 더해 그 중요 구절들의 의미를 연결시켜서 성경 전체가 말하는 큰 그림을 보여 준다. 단계적으로 매일 실행할 목표도 알려 준다. 셋째, 은혜가 풍성하게 흘러넘친다. 성경 말씀과 기도를 바탕으로 가족 간에 소통이 활발하게 일어난다. 매일 아이들의 연령(혹은 신앙의 정도)에 맞춘 두 가지 질문, 온 가족이 붙들어야 할 핵심 교훈, 그날의 성경 본문을 바탕으로 한 기도 제목을 제공한다. 이 가이드북은 매우 단순 명료하고 쉬우며 무엇보다 은혜롭다.

그런데 우리는 왜 가정 예배를 드려야 할까? 이 책을 최대한 활용하는 방법을 나누기 전에 먼저 가정 예배가 얼마나 중요한지부터 나누고자 한다.

# 왜 가정 예배인가

**가정 예배는 건강한 가정을 위한 하나님의 뜻이다.** 성경에 가정 예배를 드리라는 직접 명령은 없다. 하지만 많은 구절들이 그런 의미를 담고 있다(창 18:19; 수 24:15; 신 6:6-7; 욥 1:5; 시 78:1-4; 엡 6:4; 딤후 3:15 참조). 온 가족이 정기적으로 모여 함께 성경을 읽고 함께 기도하는 것은 곧 이 말씀들을 확실하게 적용하는 길이다.

**가정에 유익하다.** 하나님은 우리를 예배자로 만드셨다. 그래서 예배가 우리 존재의 중심이 될 때 우리 각자는 물론이요, 우리가 속한 공동체, 나아가 몸담은 사회가 풍성한 삶을 누린다. 예배는 복이다. 하나님은 예배하는 사람에게 반드시 복이 임한다. "함께 기도하는 가족은 늘 하나다"라는 말처럼 하나님과 관계가 좋으면 우리 주변에 있는 다른 사람과의 관계도 좋아지기 마련이다. 더불어 가정 예배를 드리면 가족 구성원 한 사람 한 사람의 신앙이 좋아지고, 교회 예배에서도 더욱 은혜를 받는다.

**성경적 세계관을 갖게 한다.** 가족이 매일 함께 성경을 읽으면 삶의 기초가 튼튼하게 세워지고 세상을 바라보는 공통의 틀이 가정 안에 생긴다. 무엇보다 우리 자녀들이 세상에 나가기 전에 진리와 거짓을 구별하는 분별력을 키울 수 있다.

**인생의 궁극적 목적이 무엇인지 일깨워 준다.** 왜 우리는 이 땅에 사는가? 일주일에 한두 번 교회에서 듣는 설교도 물론 인생의 방향을 정하는 데 도움을 준다. 그러나 날마다 가정 예배를 드리면 한 주를 사는 동안 "왜 우리는 이 땅에 사는가"라는 물음에 대한 답이 희미해지지 않게 막아 주고, 우리에게 그리스도와 그분의 복음이 필요하다는 것을 계속해서 일깨워 주어 우리가 세상에 휩쓸리지 않도록 도와준다.

**자녀에게 귀감이 된다.** 당신은 아이들의 기억에 어떤 사람으로 남고 싶은가? 자녀들이 장성해 집을 떠났거나 당신이 이 세상을 떠나고 난 뒤 자녀들이 당신을 어떤 사람으로 기억해 줬으면 좋겠는가? 텔레비전 스포츠 경기를 빼놓지 않고 보는 열성 팬이었다고? 항상 바쁜 사람이었다고? 음식 솜씨가 좋았다고? 자녀들이 당신을 '우리 엄마(아빠)는 평생 하나님을 예배한 사람'이라고 기억한다면 어떨까? 자녀들이 다른 무엇보다도 당신을 그렇게 기억해 주기를 바라는가? 회심한 사람들의 간증을 들어 보면 그들 가운데 상당수가 어린 시절 부모님과 함께 가정 예배를 드리던 기억 때문에 나중에 그리스도께 나아오게 되었다고 고백한다. 그들의 기억 속에는 하나님을 예배하는 것을 최우선순위로 삼았던 부모님의 생활방식이 짙게 남아 있었다. 어린 시절, 그들에게 예배는 일주일에 한 번 하는 이벤트가 아니라 매일의 현실이었던 것이다.

가정 예배가 얼마나 중요하고, 또 얼마나 유익한지 아직 확신이 서지 않는다면 다음 책들을 읽어 보았으면 한다. 왜 가정 예배를 드려야 하는지, 어떻게 가정 예배를 드리면 좋을지 구체적인 조언들을 소개한다.

◊ Donald Whitney, *Family Worship: In the Bible, in History, and in Your Home* (Crossway, 2016). 도널드 휘트니, 《오늘부터, 가정 예배》(복 있는사람 역간).

◊ Jason Helopoulus, *A Neglected Grace* (Christian Focus, 2013).

◊ Joel Beeke, *Family Worship* (Reformation Heritage Books, 2009).

가정 예배에 대한 확신이 들었는가? 이제 이 책의 활용법을 살펴 보자.

## 이럴 땐 이렇게!

가정 예배를 '탐험'으로 만들라. 아이들은 탐험하기를 좋아하니 까 성경 읽기를 마치 탐험가가 미지의 세계를 보는 것처럼 만들라. "얘들아, 성경 탐험할 시간이야"라고 말해 보라.

이 책에서는 매일 읽는 분량을 '탐험'이라고 부르겠다. 처음에 그 주 탐험할 성경의 내용을 몇 마디로 소개한다. 성경에 대한 기대감 을 갖게 하는 소개 글이다.

탐험을 떠나기에 좋은 시간은 언제일까? 각 가족의 상황에 따라 다르겠지만 대부분 저녁 식사를 마친 직후가 좋다. 어린 자녀가 있 는 가정에서는 밤에 아이를 재우기 전이 좋다. 또 홈스쿨링을 하는 가정에서는 공부를 시작하기 전 아침이 좋다. 어쨌든 가정 예배를 매일의 일과에 넣으면 기억하고 실천하기가 쉬워진다.

물론 부모와 모든 자녀가 다 참석하는 것이 최선이지만 일이나 다른 활동을 하느라 그렇게 못할 때가 있다. 처음부터 너무 완벽하게 하려고 하면 서서히 발전해 나가지 못하고 쉽게 지치고 만다. 그냥 가능한 대로 최대한 꾸준히, 최대한 많은 사람이 참여하게 하라.

## 성경 읽기

성경을 들고 가족이 모였다면 이제 어떻게 해야 할까? 성경을 탐험할 때 은혜를 내려 달라고 잠시 기도하자. 예를 들어 "하나님, 우리의 눈과 마음을 열어 주세요"라고 기도하라. 다만 매일 다른 표현을 써서 기도가 딱딱해지지 않게 하라. 가끔씩 자녀에게 기도를 부탁하는 것도 좋겠다.

다음으로, 매일의 탐험 본문을 요약한 간단한 제목을 읽으라. 그러면 아이는 그날 탐험할 성경 본문 내용이 무엇일지 예상하고 마음의 준비를 할 수 있다. 그다음에 그날의 성경 본문을 함께 읽으라. 자녀가 글을 읽을 수 있는 나이라면 반드시 자신의 성경을 마련해 주고 직접 읽게 하라.

우리 집에서는 모든 성경책을 찾기 쉬운 한 장소에 둔다. 그러면 예배 시간마다 성경을 찾느라 집 안을 헤매지 않아도 된다. 우리 집은 돌아가면서 한 아이가 한 절씩 읽는다. 막내는 아직 어려서 글을 못 읽기 때문에 내가 한 절을 몇 단어씩 끊어 읽고 바로바로 따라하게 한다. 그렇게 해서 모든 아이가 성경 읽기에 참여한다. 《우리 가족 성경 탐험》에서 하나님의 구원 계획의 큰 그림을 보여 주는 구절들을 읽지만 나머지 읽지 않은 성경 구절도 똑같이 중요한 하나님의 말씀이라고 설명해 주라.

**"오늘 본문 말씀을 읽고 답해 보세요."**
**"한 걸음 더 들어가 볼까요?"**

매일의 성경 본문마다 두 가지 질문이 있다. 성경을 읽고 나서 질문할 거라는 걸 알면 아이가 더 집중한다. 첫 번째 질문 "오늘 본문 말씀을 읽고 답해 보세요"는 성경에서 직접 답을 찾아보는 간단한 문제로, 모든 연령대의 아이들에게 적합하다. 두 번째 질문 "한 걸음 더 들어가 볼까요?"는 여기에 깊이를 더했다. 성경 해석이나 적용에 초점을 맞출 때도 있기에 좀 더 나이가 있는 아이들에게 적합하다. 물론 이 질문들은 자녀뿐 아니라 부모도 적극적으로 답을 찾고 생각하고 나누어야 할 내용들이다.

자녀들은 질문을 받음으로써 성경을 더 깊이 생각할 수 있고 탐구심도 기를 수 있다. 또 아이들의 생각과 마음에 하나님의 말씀이 새겨진다. 질문에 해당하는 답은 대부분 성경 본문에서 쉽게 찾을 수 있다. 하지만 이 책 자체에 답이 있어서(밑줄 부분) 쉽고 간편하며 부모가 미리 준비할 필요가 많이 줄어든다. 아이가 성경을 다시 보지 않고 답을 말할 수 있으면 좋지만, 답을 잘 모르면 답이 있는 구절을 다시 읽어 보고 대답하게 이끌어 주라.

### "오늘 꼭 기억해야 할 메시지를 함께 읽어 봅시다."

하나님의 말씀을 읽고 질문하고 답하는 시간을 통해 부모와 자녀가 서로 소통하며 함께 영적 양식을 먹기를 바란다. 그 은혜를 잘 갈무리하도록 매일 그날의 영적 적용 사항과 도전하는 내용을 한두 문장으로 정리했다. 한 구절씩 불러 주며 한목소리로 따라 읽게 하고 간략하게 설명해 주라. 대부분의 어린이용 경건의 시간은 너무 길어서 아이들이 지루해하기 일쑤다. 그래서 이 부분을 아주 간단하게 했다. 조금이라도 마음에 와 닿는 것이 긴 설교를 듣고 흘려버리는 것보다 낫다.

### "우리 함께 기도해요."

매일의 탐험을 마칠 때 기도 제목을 간략하게 제시했다. 성경 본문이나 그 말씀에서 일깨워 준 핵심 메시지를 가지고 자녀에게 '성경으로 기도하기' 기술을 가르치라. 처음에는 어려워도 그것이 쌓이다

보면 매일 읽은 성경 구절을 가지고 스스로 자기의 언어로 기도할 줄
알게 된다. 단순히 기도문을 불러 주는 것이 아니라 기도 제목의 개
념만 제시하고 각자가 스스로 표현하며 기도하게 이끌어 주라.

매주 탐험을 시작할 때 가족이 함께 기도해야 할 기도 제목(중보
기도, 감사할 내용, 요청 기도)을 적는 공간이 있다. 한 주를 시작할 때 특
별히 무엇을 위해 기도하면 좋을지 가족에게 물어보라. 그것을 그
공간에 적어 두고 한 주 동안 기억하고 기도하라. 몸담은 교회의 기
도 제목이나 친척, 친구, 지인, 선교사들의 기도 제목도 거기 적을
수 있다. 종종 자녀에게 기도를 부탁하기도 하라.

## 주일 가정 예배

하루를 빠뜨렸을 때는 어떻게 할까? 그래서 주일에는 성경 본문
이 없다. 주일에 성경을 읽지 말라는 것이 아니라, 혹시나 놓친 날을
대비해 진도를 따라잡을 날을 준 것이다.

주일에는 좀 다른 것을 해도 좋다. 그날은 한 주 동안 하던 탐험
을 쉬고 교회 식구들과 함께 성경 탐험을 하는 날이다. 그래서 주일
가정 예배에서는 가족이 다니는 교회의 주일 설교 본문 말씀(혹은 주
일학교 설교 본문 말씀)을 다시 한 번 읽고 이렇게 질문해 보기 바란다.

◊ 오늘 교회에서 하나님이 어떤 분이라고 배웠나요?

◊ 오늘 교회에서 죄가 무엇이라고 배웠나요?

◊ 오늘 교회에서 예수님이 어떤 분이라고 배웠나요?

◊ 오늘 교회에서 날마다 어떻게 생각하고 말하고 행동해야 한다고 배웠나요?

◊ 설교를 듣고 나서 무엇을 가장 크게 깨달았나요?

◊ 설교를 듣고 나서 뭐라고 하나님께 기도를 드렸나요?

이 훈련으로 아이들이 설교를 좀 더 이해하고 하나님의 말씀으로 은혜받는 틀을 갖추게 된다.


## "이번 주에 함께 곰곰이 생각하고 외워 볼 말씀"

매주 가족이 함께 곰곰이 생각하고 외워 볼 암송 구절을 실었는데, 암송 여부는 선택 사항이다. 매주 탐험을 할 때 너무 많은 짐을 져서 버거워지지 않았으면 좋겠다. 그러나 아이의 연령대가 말씀 암송이 가능한 나이이고 너무 어렵지 않다면 책에서 제시하는 성경 구절을 매주 암송하도록 격려하라. 물론 부모도 같이 해야 한다. 실제로 우리가 어떤 곳을 탐험을 할 때 사진을 찍고 나중에 그것을 보면서 언제 어디에서 무엇을 했는지 기억하는 것처럼, 살아 있는 하나님의 말씀을 마음과 영혼에 부지런히 찍어 두라.

일주일에 한 번, 예를 들면 주일마다 그 주의 암송 구절을 잘 외웠는지 점검할 수도 있고, 매일 조금씩 외워서 주일에 한 구절을 다 암송하게 할 수도 있다. 그렇게 하면 일 년에 52구절을 암송할 수 있다. 아이들에게 상을 주어 격려하는 것도 좋다. 가령 열 개 구절을 암송할 때마다 상을 주고, 52구절을 다 암송하면 좀 더 큰 상을 주라. 그러면 이 성경 탐험의 멋진 앨범이 완성될 것이다.

## 목표는 '하나님을 예배하는 것'

목표는 가정 '예배'라는 것을 명심하라! 하나님을 예배하는 것이 우리 인생의 목표이자 이 책의 목표다. 그러므로 '예배'를 이 시간의 핵심으로 삼으라. 물론 우리는 함께 성경 탐험을 하면서 성경을 가르치고 배우기도 하지만, 무엇보다 우리는 하나님을 예배해야 한다. 성경을 가르치고 배우는 것은 궁극적 목표가 아니고 더 큰 목표인 예배를 위한 수단이다. 기쁨과 경외함으로 하나님을 의지하며 하나님과 사귀는 예배 말이다. 이 책으로 탐험을 떠나는 모든 성경 탐험가들이 하나님을 온전히 예배하는 예배자가 되기를 기도한다.

즐거운 탐험이 되길!

데이비드 머리

David Murray

일러두기

1. 각 요일 앞에 예배를 드린 뒤 표시할 수 있는 체크 박스(☐)를 두었다. 체크 박스를 활용하면 예배를 드리지 못한 날을 파악하기 쉬워 주일이나 다른 날에 틈틈이 진도를 따라잡을 수 있다. 이 성경 탐험은 1월 첫 주가 아니어도 언제든지 시작할 수 있으며, 시작한 주를 기준으로 일 년 동안 52번의 탐험을 떠날 수 있다.

2. "오늘 꼭 기억해야 할 메시지를 함께 읽어 봅시다" 부분은 두 번 정도 따라 읽게 하는 것이 좋다.

3. 성경은 《성경전서 개역개정판》(대한성서공회)을 기본으로 사용했으며, 《성경전서 새번역》(대한성서공회)을 사용할 경우에는 별도 표기했다.

# 아름다운 세상

##  탐험 지도

탐험을 출발하는 창세기에서는 여러 가지 중요한 시작을 볼 수 있어요. 세상, 동물, 사람, 안식일, 일, 결혼, 죄, 구원, 죽음, 하나님의 언약이 다 창세기에서 시작해요. 여기서 우리가 같이 탐험하는 성경 본문 말고 나머지 창세기 본문도 다 똑같이 중요한 하나님의 말씀이니까, 그 말씀들도 각자 꼭 읽어 보세요. 자, 이제 떠나 봅시다!

### 이번 주 우리 집 기도 제목

이번 주에 함께 곰곰이 생각하고 외워 볼 말씀은 창세기 1장 1절이에요.

# ▢ 월요일

오늘 본문 말씀을 읽고 답해 보세요.

성경에서 하나님이 가장 처음 하신 말씀은 무엇일까요? 3절에서 찾아보세요.

**빛이 있으라.**


한 걸음 더 들어가 볼까요?

성경은 누구를 보고 "세상의 빛"이라고 부르나요? 요한복음 8장 12절에서 찾아보세요.

**예수 그리스도.**


★☆★

오늘 꼭 기억해야 할 메시지를 함께 읽어 봅시다.

그 어떤 소리보다 하나님 말씀을 가장 먼저 듣고 가장 많이 듣는 사람에게 예수님의 빛을 비춰 주십니다.


우리 함께 기도해요.

예수님의 빛을 이 세상에 비춰 주세요.

# 화요일

오늘 본문 말씀을 읽고 답해 보세요.

하나님이 동물에게 어떤 명령을 내리셨나요? 22절에서 찾아보세요.

**생육하고 번성하라.**

+ 생육하고 번성한다는 건 건강한 새끼를 많이 낳아 그 수가 날로 늘어간다는 뜻이에요.

한 걸음 더 들어가 볼까요?

하나님은 수많은 다양한 동물들을 창조하셨어요. 그 동물들을 보면 하나님이 어떤 분이라는 생각이 드나요?

**하나님은 창의력이 넘치시고, 크고 풍성하신 분이십니다.**

★☆★

오늘 꼭 기억해야 할 메시지를 함께 읽어 봅시다.

동물들을 볼 때마다 그토록 수많은 동물을 창의적으로 지으신 우리 하나님을 예배하겠습니다.

우리 함께 기도해요.

이렇게 많은 동물들을 어쩌면 이토록 다 다른 생김새로, 다른 쓸모를 지닌 존재로 만드셨어요? 놀라우신 하나님을 찬양합니다!

# 🔲 수요일
## 창세기 1:26-31  사람의 시작

오늘 본문 말씀을 읽고 답해 보세요.

남자와 여자를 누구의 형상대로 창조하셨나요? 27절에서 찾아보세요.

**하나님의 형상대로.**

+ 하나님 모습을 닮게 지으셨어요.

한 걸음 더 들어가 볼까요?

모든 사람이 하나님의 형상대로 창조되었으니 우리는 다른 사람을 어떻게 대해야 할까요? 야고보서 3장 9-10절을 읽고 생각해 보세요.

**모든 사람을 소중하게 대하고, 다른 사람에 대해 함부로 말하지 않도록 늘 조심해야 해요.**

★☆★

오늘 꼭 기억해야 할 메시지를 함께 읽어 봅시다.

우리는 완전한 세상과 완전한 사람을 만드신 완전하신 하나님을 예배합니다.

우리 함께 기도해요.

하나님이 모든 사람을 하나님의 형상대로 지으셨음을 늘 기억하게 해 주세요. 모든 사람을 소중히 대하게 해 주세요.

# 🔲 목요일

### 창세기 2:1-4  안식일의 시작

오늘 본문 말씀을 읽고 답해 보세요.

하나님은 세상을 창조하신 일곱째 날에 무엇을 하셨나요? 2절에서 찾아
보세요.

**안식.**

+ 안식한다는 것은 쉰다는 말이에요.

한 걸음 더 들어가 볼까요?

하나님은 7일 중 하루를 복되게 하시고 거룩하게 하셨어요. 그러면 우리
는 그날을 어떻게 보내야 할까요? 마가복음 2장 27절을 읽고 생각해 보
세요.

**하나님이 직접 보여 주신 대로, 7일 중 하루는 안식하며 하나님께 영광이**
**되고 우리에게 유익하게 보내야 해요.**

★☆★

오늘 꼭 기억해야 할 메시지를 함께 읽어 봅시다.

하나님 자신을 위해서는 7일 중 하루를 쉬실 필요가 없었습니다. 하지만
우리에게 본을 보여 주시려고 하루를 쉬셨습니다.

우리 함께 기도해요.

우리에게 7일 중 하루, 쉬는 날을 선물로 주셔서 감사해요.

# 금요일

오늘 본문 말씀을 읽고 답해 보세요.

하나님이 아담에게 어떤 나무에 열리는 열매를 먹지 말라고 하셨나요?
17절에서 찾아보세요.

**선악을 알게 하는 나무.**

한 걸음 더 들어가 볼까요?

하나님이 아담과 하와에게 선악을 알게 하는 나무의 열매에 대해 뭐라
고 주의를 주셨나요? 17절에서 찾아보세요.

**네가 먹는 날에는 반드시 죽으리라.**

★☆★

오늘 꼭 기억해야 할 메시지를 함께 읽어 봅시다.

하나님은 우리를 사랑하셔서, 우리에게 죄가 위험하니 조심하라고 미리
알려 주십니다.

우리 함께 기도해요.

우리가 죄를 경고하시는 하나님의 목소리를 잘 알아들을 수 있게 해 주
세요.

### 창세기 2:18-25  결혼의 시작

오늘 본문 말씀을 읽고 답해 보세요.

하나님은 무엇을 가리켜 "좋지 아니하니"라고 말씀하셨나요? 18절에서 찾아보세요.

**사람이 혼자 사는 것.**

한 걸음 더 들어가 볼까요?

왜 성경에서는 부부를 "한 몸"이라고 할까요? 24절을 읽고 생각해 보세요.

**하나님은 남자와 여자를 만드실 때, '결혼'을 통해 두 사람이 가장 가깝게 있도록, 하나가 되도록 계획하셨어요.**

★☆★

오늘 꼭 기억해야 할 메시지를 함께 읽어 봅시다.

예수님은 신랑이시고 예수님을 믿는 나는 예수님의 신부입니다. 우리는 예수님과 떨어져서 혼자 살지 않고, 항상 예수님과 함께 살아야 합니다.

+ 성경은 결혼을 통해서 '예수 그리스도와 교회의 관계'를 생생하게 설명해요. 에베소서 5장 25-33절을 같이 읽으세요.

우리 함께 기도해요.

결혼을 만드시고 우리 아빠와 엄마를 만나게 하셔서 우리 가족을 이루게 해 주신 하나님, 감사해요. 우리 모두 예수님과 늘 함께하는 예수님의 신부로 살게 해 주세요.

## □ 주일

**오늘 설교 시간에 들은 성경 본문을 같이 읽어 보겠습니다.**

오늘 교회에서 하나님이 어떤 분이라고 배웠나요?

....................................................................................................

오늘 교회에서 죄가 무엇이라고 배웠나요?

....................................................................................................

오늘 교회에서 예수님이 어떤 분이라고 배웠나요?

....................................................................................................

오늘 교회에서 날마다 어떻게 생각하고 말하고 행동해야 한다고 배웠나요?

....................................................................................................

설교를 듣고 나서 무엇을 가장 크게 깨달았나요?

....................................................................................................

설교를 듣고 나서 뭐라고 하나님께 기도를 드렸나요?

....................................................................................................

**탐험 2.**

# 망가진 세상

###  탐험 지도

지난주 탐험에서는 하나님이 창조하신 완전한 세상에서 가장 아름다운 풍경을 보았어요. 이번에는 위험하고 어두컴컴한 탐험이 될 거예요. 이 아름다운 세상에 '죄'가 들어와서 모든 것을 망가뜨렸어요. 하지만 모든 게 엉망이 된 상황에서도 하나님은 우리를 구하시겠다는 은혜로운 약속을 해 주십니다. 사탄을 물리치고 우리를 구해 주실 분을 보내겠다고 약속하셨어요.

**이번 주 우리 집 기도 제목**

이번 주에 함께 곰곰이 생각하고 외워 볼 말씀은 **창세기 3장 15절**이에요.

# ▢ 월요일

## 창세기 3:1-5 죄의 시작

오늘 본문 말씀을 읽고 답해 보세요.

뱀이 여자(하와)에게 뭐라고 속삭였나요? 4절에서 찾아보세요.

**너희가 결코 죽지 아니하리라.**

한 걸음 더 들어가 볼까요?

오늘 본문을 보면 마귀가 뱀을 시켜 하와에게 거짓말을 해요. 왜 마귀는
하나님의 말씀을 의심하게 만드는 걸까요?

**하나님이 하신 말씀이 의심이 가면 그 말씀을 무시하고 안 듣고 싶어지기
때문입니다.**

★☆★

오늘 꼭 기억해야 할 메시지를 함께 읽어 봅시다.

하나님 말씀에 의심이 드는 순간을 조심해야 합니다. 마귀는 자주 그 순
간에 우리를 공격합니다.

우리 함께 기도해요.

하나님 말씀을 의심하라고 마귀가 제 마음에 거짓말을 속삭일 때 즉시
깨닫고 용감하게 싸우게 해 주세요.

# 🗆 화요일

**창세기 3:6-8** 창피한 마음의 시작

오늘 본문 말씀을 읽고 답해 보세요.

여호와 하나님께서 동산을 거니시는 소리를 듣고 아담과 하와는 어떻게
했나요? 8절에서 찾아보세요.

**여호와 하나님의 낯을 피하여 동산 나무 사이에 숨었어요.**

한 걸음 더 들어가 볼까요?

죄를 지었을 때 우리는 어떻게 해야 할까요? 잠언 28장 13절을 읽고 답
해 보세요.

**하나님께 죄를 고백하고 버려야 해요.**

+ 고백한다는 건 숨김없이 솔직히 말한다는 거예요.

★☆★

오늘 꼭 기억해야 할 메시지를 함께 읽어 봅시다.

죄를 지었을 때 하나님을 피해 숨거나 도망가면 안 됩니다. 하나님께 가
서 지은 죄를 솔직히 말씀드리고 용서를 받아야 합니다.

우리 함께 기도해요.

죄를 지었을 때 창피하다고 숨기고 무서워하지 않게 해 주세요. 하나님
께 잘못을 솔직히 말씀드리는 믿음을 주세요.

# □ 수요일

오늘 본문 말씀을 읽고 답해 보세요.

하나님이 아담에게 무엇을 물어보셨나요? 9절에서 찾아보세요.

**네가 어디 있느냐?**


한 걸음 더 들어가 볼까요?

하나님이 아담이 저지른 죄를 말씀하시자 아담은 어떻게 했나요? 12절
을 읽고 생각해 보세요.

**하나님이 주신 아내인 하와 때문에 그랬다고 원망하며 핑계를 댔어요.**


★☆★

오늘 꼭 기억해야 할 메시지를 함께 읽어 봅시다.

우리도 잘못을 저지르거나 문제가 생기면 제일 먼저 다른 사람 탓을 합
니다. 하지만 그것은 더 큰 잘못입니다.


우리 함께 기도해요.

잘못을 저지르고 나서 다른 사람을 탓하지 않게 해 주세요. 잘못을 인정
하고 책임지는 정직한 마음을 갖게 해 주세요.

# 목요일

**창세기 3:14-16** 구원의 시작

오늘 본문 말씀을 읽고 답해 보세요.

하나님이 뱀에게 뭐라고 말씀하셨나요? 14절에서 찾아보세요.

**모든 가축과 들의 모든 짐승보다 더욱 저주를 받을 것이다.**

한 걸음 더 들어가 볼까요?

15절을 다시 한 번 읽어 보세요. 하나님은 '뱀'(마귀)과 '하나님의 백성'이 원수가 되게 하셨어요. 어떻게 해야 우리가 마귀를 더 잘 무찌를 수 있을까요?

**하나님이 마귀를 어떻게 무찌르시는지 잘 봐야 합니다.**

★☆★

오늘 꼭 기억해야 할 메시지를 함께 읽어 봅시다.

하나님은 우리가 원수 마귀와 싸워 이기도록 우리에게 예수 그리스도를 주셨습니다.

우리 함께 기도해요.

마귀가 어떤 존재인지, 또 어떤 일이 마귀의 일인지 올바로 알게 해 주세요. 예수님의 이름으로 지혜롭고 용감하게 맞서 싸우게 해 주세요.

### 창세기 3:17-24  저주의 시작

오늘 본문 말씀을 읽고 답해 보세요.

아담이 죄를 지어서 세상에 어떤 일이 벌어졌나요? 17-19절을 읽고 생각해 보세요.

**아담이 할 일도 훨씬 더 힘들어지고, 우리가 할 일도 훨씬 더 힘들어졌어요.**

한 걸음 더 들어가 볼까요?

19절에 흙으로 돌아간다는 것은 무슨 뜻일까요?

**우리 모두는 언젠가 반드시 죽으며, 죽은 뒤에 우리 몸이 다시 흙으로 변한다는 뜻이에요.**

★☆★

오늘 꼭 기억해야 할 메시지를 함께 읽어 봅시다.

하나님이 지으신 원래 세상에는 고통이 없었지만, 인간의 죄 때문에 우리가 세상에서 하는 모든 일들이 힘들게 되었습니다. 죄는 나쁜 것입니다. 죄를 미워하겠습니다.

우리 함께 기도해요.

평화롭던 세상에 큰 벌을 내리셔서 죄가 얼마나 끔찍하고 무서운 것인지 깨닫게 해 주신 주님, 이 모든 죄에서 우리를 구원해 주세요.

# □ 토요일

## 창세기 4:1-8 살인의 시작

오늘 본문 말씀을 읽고 답해 보세요.

가인과 아벨은 각각 무엇을 제물로 드렸나요? 3-4절에서 찾아보세요.

**가인은 땅의 소산을 여호와께 드렸고, 아벨은 양의 첫 새끼와 그 기름을 드렸어요.**

+ 소산은 열매라는 뜻이에요.


한 걸음 더 들어가 볼까요?

왜 하나님은 아벨과 어린양 제물은 받으시고 가인의 열매 제물은 받지 않으셨을까요? 히브리서 9장 22절을 읽고 생각해 보세요.

**죽음이 없이는 우리의 죄를 용서받지 못하기 때문이에요.**


★☆★

오늘 꼭 기억해야 할 메시지를 함께 읽어 봅시다.

예수님은 세상의 죄를 대신 지고 가는 하나님의 어린양이십니다. 우리를 구원해 주시는 예수님을 항상 바라보겠습니다.

+ 요한복음 1장 29절을 같이 읽으세요.


우리 함께 기도해요.

죄에서 저를 건지시려고 직접 제물이 되신 어린양 예수님, 감사해요.

## ☐ 주일

**오늘 설교 시간에 들은 성경 본문을 같이 읽어 보겠습니다.**

오늘 교회에서 하나님이 어떤 분이라고 배웠나요?

..........................................................................................................

오늘 교회에서 죄가 무엇이라고 배웠나요?

..........................................................................................................

오늘 교회에서 예수님이 어떤 분이라고 배웠나요?

..........................................................................................................

오늘 교회에서 날마다 어떻게 생각하고 말하고 행동해야 한다고 배웠나요?

..........................................................................................................

설교를 듣고 나서 무엇을 가장 크게 깨달았나요?

..........................................................................................................

설교를 듣고 나서 뭐라고 하나님께 기도를 드렸나요?

..........................................................................................................

# 물에 잠긴 세상

## ⊘ 탐험 지도

자, 지난주 탐험 이후 수백 년이 흘렀습니다. 그동안 세상에는 사람들이 더 많아졌고, 사람들이 짓는 죄도 그만큼 더 많아졌어요. 슬퍼하시던 하나님은 결국 세상에 큰 홍수라는 무서운 벌을 내리십니다. 그런데 우리 하나님은 벌을 내리시는 가운데도 큰 자비를 베풀어 주셨어요. 노아에게 방주를 짓게 하셔서 노아의 가족과 수많은 동물들을 방주에 실어 구조해 주셨어요.

> 이번 주 우리 집 기도 제목

이번 주에 함께 곰곰이 생각하고 외워 볼 말씀은 창세기 6장 8절이에요.

# 월요일

**창세기 6:1-4** 죄를 미워하시는 하나님

오늘 본문 말씀을 읽고 답해 보세요.

사람들이 죄를 점점 더 많이 짓는 모습을 보시고 하나님은 뭐라고 말씀하셨나요? 3절에서 찾아보세요.

**나의 영이 영원히 사람과 함께하지 않을 것이다. 이는 그들이 육신이 됨이라.**

+ 죄 때문에 사람은 언젠가 죽어야 할 육체가 되었어요. 생명을 주시는 하나님의 영이 떠나시면 사람은 이 땅에서 더 이상 살 수 없어요.

한 걸음 더 들어가 볼까요?

성령은 우리가 이 땅에서 사는 동안 우리와 함께하시면서 어떤 일을 하실까요?

**모든 사람에게 죄가 있으며, 그래서 모든 사람이 구원받아야 한다고 우리를 일깨워 주세요.**

★☆★

오늘 꼭 기억해야 할 메시지를 함께 읽어 봅시다.

하나님의 영이신 성령이 하나님이 미워하시는 '우리의 죄'를 깨닫게 하시고, 우리가 얼마나 구원이 필요한 사람인지 알게 해 주십니다.

우리 함께 기도해요.

성령님, 사랑하는 우리 가족과 함께해 주세요. 너무 늦기 전에 온 가족이 죄에서 돌이켜 구원받게 해 주세요.

# □ 화요일

오늘 본문 말씀을 읽고 답해 보세요.

하나님이 무엇을 보셨나요? 5절에서 찾아보세요.

**사람의 죄악이 세상에 가득한 것을 보셨어요. 사람의 마음으로 생각하는 모든 계획이 항상 악함을 보셨어요.**

한 걸음 더 들어가 볼까요?

8절에 나오는 '여호와께 은혜를 입었다'는 것은 무슨 뜻일까요?

**받을 자격이 없는 우리에게 하나님이 넘치도록 큰 사랑을 주셨다는 뜻이에요.**

★☆★

오늘 꼭 기억해야 할 메시지를 함께 읽어 봅시다.

세상은 악해서 하나님의 심판을 받을 수밖에 없습니다. 그럼에도 불구하고 하나님은 사랑받을 자격이 없는 죄인인 우리에게 은혜를 베풀어 주십니다.

우리 함께 기도해요.

노아에게 구원의 은혜를 베푸신 주님, 우리도 이 악한 세상에서 구해 주세요.

# □ 수요일

오늘 본문 말씀을 읽고 답해 보세요.

노아는 어떻게 살았나요? 9절에서 찾아보세요.

**모든 순간 하나님과 동행했어요.**

+ 동행은 함께 길을 걷는다는 뜻이에요.

한 걸음 더 들어가 볼까요?

어떻게 하면 하나님과 동행할 수 있을까요?

**매일매일 하나님을 기억하고, 하나님이 하시는 말씀을 귀 기울여 잘 듣고, 하나님과 대화하고, 하나님께 순종하면 돼요.**

★☆★

오늘 꼭 기억해야 할 메시지를 함께 읽어 봅시다.

노아가 살았던 시대처럼 죄로 물든 세상 한복판에서도 우리는 하나님과 동행할 수 있습니다.

우리 함께 기도해요.

언제든지 어디에 있든지 하나님과 함께 걷고 싶어요. 은혜를 베풀어 주세요.

# 목요일

**창세기 6:17-22** 노아와 언약을 맺으신 하나님

오늘 본문 말씀을 읽고 답해 보세요.

하나님이 노아와 무엇을 세우셨나요? 18절에서 찾아보세요.

**언약.**

> + 언약은 하나님의 특별한 약속이에요. 언약은 하나님과 우리를 아주 특별한 관계로 맺어 주어요.

한 걸음 더 들어가 볼까요?

하나님이 방주를 지으라고 노아에게 명령하셨을 때 노아는 어떻게 반응했나요? 그런 노아에게서 무엇을 보고 배울 수 있을까요? 2절을 읽고 생각해 보세요.

**노아는 하나님이 자기에게 명하신 대로 다 했어요. 아무리 힘들어 보여도 우리는 하나님께 순종해야 해요.**

> + 하나님이 말씀하시는 대로 하는 걸 순종이라고 해요.

★☆★

오늘 꼭 기억해야 할 메시지를 함께 읽어 봅시다.

하나님이 우리에게 특별한 약속, 언약을 주시면 우리는 순종할 힘이 생깁니다.

우리 함께 기도해요.

하나님의 언약을 믿고, 하나님 말씀에 더 잘 순종하게 해 주세요.

□ 금요일

## 창세기 8:1-5 노아를 기억하신 하나님

오늘 본문 말씀을 읽고 답해 보세요.

방주는 어디에 머물러 있었나요? 4절에서 찾아보세요.

**아라랏산.**

한 걸음 더 들어가 볼까요?

1절에 하나님이 '노아를 기억하셨다'는 것은 무슨 뜻일까요?

**하나님이 어느 순간 노아를 잊으셨다는 뜻이 아니에요. 하나님은 노아를 특별히 생각하셔서 노아가 안전하기를 바라셨고, 죄로 물든 세상에서 노아가 위로받기를 바라셨어요. 그래서 노아를 위한 특별한 계획을 세우셨다는 뜻이에요.**

★☆★

오늘 꼭 기억해야 할 메시지를 함께 읽어 봅시다.

우리가 사는 이 세상도 끝날 때가 옵니다. 우리 모두 최후 심판을 맞을 준비를 하며 살아야 합니다.

+ 마태복음 24장 37-39절을 같이 읽으세요.

우리 함께 기도해요.

노아를 기억하신 것처럼 우리도 기억해 주세요. 세상이 끝나는 날에 맞이할 심판을 잘 준비하게 도와주세요.

# 토요일

**창세기 | 9:12-17** 노아에게 약속하신 하나님

오늘 본문 말씀을 읽고 답해 보세요.

하나님이 구름 속에 무엇을 두셨나요? 13절에서 찾아보세요.

**무지개.**

한 걸음 더 들어가 볼까요?

무지개는 하나님이 어떤 분이시라고 알려 주나요?

**악인을 심판하고 하나님의 백성을 구하겠다는 약속을 지키시는 분.**

★☆★

오늘 꼭 기억해야 할 메시지를 함께 읽어 봅시다.

무지개를 볼 때마다, 하나님을 믿고 따르는 사람에게 영원한 평화를 주시고 영원히 보호하시겠다는 하나님의 약속을 기억하겠습니다.

우리 함께 기도해요.

이 세상에서도 평화를 주시고, 앞으로 올 영원한 세상에서도 평화를 주신다는 하나님의 약속을 믿습니다. 꼭 이루어 주세요.

# ☐ 주일

**오늘 설교 시간에 들은 성경 본문을 같이 읽어 보겠습니다.**

오늘 교회에서 하나님이 어떤 분이라고 배웠나요?

...................................................................................................................

오늘 교회에서 죄가 무엇이라고 배웠나요?

...................................................................................................................

오늘 교회에서 예수님이 어떤 분이라고 배웠나요?

...................................................................................................................

오늘 교회에서 날마다 어떻게 생각하고 말하고 행동해야 한다고 배웠나요?

...................................................................................................................

설교를 듣고 나서 무엇을 가장 크게 깨달았나요?

...................................................................................................................

설교를 듣고 나서 뭐라고 하나님께 기도를 드렸나요?

...................................................................................................................

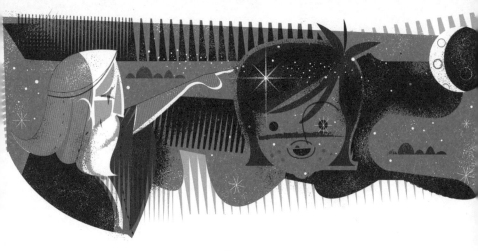

# 특별한 아들을 주시겠다는 특별한 약속

### 🧭 탐험 지도

큰 홍수가 한바탕 온 세상을 휩쓸고 난 뒤, 살아남은 사람들을 중심으로 다시 이 땅에 사람들 수가 늘어났어요. 그러면서 죄도 더욱 늘어났죠. 심지어 높은 바벨탑까지 쌓았어요. 하나님은 그 탑을 세운 교만한 사람들을 심판하셨어요. 갑자기 사람들은 서로 다른 언어를 쓰게 되었고, 어쩔 수 없이 뿔뿔이 흩어지고 맙니다. 그런데 은혜가 풍성하신 하나님은 이런 상황 속에서도 아브람이라는 한 사람을 선택하셨어요. 그리고 그에게 온 세상을 축복할 아들을 주마 약속하셨습니다.

이번 주 우리 집 기도 제목

이번 주에 함께 곰곰이 생각하고 외워 볼 말씀은 **창세기 15장 6절**이에요.

### 창세기 12:1-5 아브람에게 큰 복을 약속하신 하나님

오늘 본문 말씀을 읽고 답해 보세요.

하나님이 아브람에게 어떤 복을 약속하셨나요? 2절에서 찾아보세요.

**내가 너로 큰 민족을 이루고, 네게 복을 주어 네 이름을 창대하게 하리니,
너는 복이 될지라.**

> + 아브람이 '복' 자체가 된다고 약속하셨어요. 아브람 한 사람이 복받고 끝나는 것이 아니
> 라, 이 땅의 모든 사람이 아브람을 통해 하나님의 복을 받는다는 놀라운 축복이에요.

한 걸음 더 들어가 볼까요?

1절에서 하나님은 아브람에게 고향과 친척과 아버지의 집을 떠나 하나
님이 보여 주실 땅으로 가라고 하셨어요. 아브람은 그런 어려운 명령을
받았을 때 어떻게 했나요? 히브리서 11장 8절에서 찾아보세요.

**믿음으로 순종했어요.**

★☆★

오늘 꼭 기억해야 할 메시지를 함께 읽어 봅시다.

순종하기 어려운 명령일지라도 '믿음으로' 순종하면 축복하십니다.

우리 함께 기도해요.

하나님이 하라고 하신 일이 어렵다고 느껴질 때도 순종할 수 있는 믿음
을 주세요.

# ◻ 화요일

창세기 15:1-6 아브람에게 아들을 약속하신 하나님


오늘 본문 말씀을 읽고 답해 보세요.

하나님이 아브람에게 무엇이라고 말씀하셨나요? 1절에서 찾아보세요.

**두려워하지 말라. 나는 네 방패이고, 네 큰 상급이다.**


한 걸음 더 들어가 볼까요?

아브람은 하나님이 하신 약속을 듣고 어떻게 했나요? 그 모습에서 우리는 무엇을 배울 수 있을까요? 6절을 읽고 생각해 보세요.

**아브람은 하나님을 믿었어요. 우리도 하나님과 하나님이 하신 말씀을 믿어야 합니다.**


★☆★

오늘 꼭 기억해야 할 메시지를 함께 읽어 봅시다.

하나님의 약속을 받는 데서 멈추지 않고, 받은 약속을 끝까지 믿어야 합니다.


우리 함께 기도해요.

믿음을 주세요. 하나님이 주신 믿음으로 하나님이 하신 약속을 믿고, 믿음으로 의롭다 함을 받게 해 주세요.

# □ 수요일

## 창세기 16:1-6  아브람의 인내를 테스트하신 하나님

오늘 본문 말씀을 읽고 답해 보세요.

아브람은 아내 사래가 자녀를 낳지 못하자 어떻게 했나요? 3절에서 찾아
보세요.

**사래를 두고도 하갈을 또 아내로 삼았어요.**


한 걸음 더 들어가 볼까요?

아브람이 죄를 짓고 부도덕하여 어떤 일이 벌어졌나요? 5-6절을 읽고 생
각해 보세요.

**집안에 마음의 상처와 질투가 가득했고 서로 괴롭히고 싸우게 되었어요.**


★☆★

오늘 꼭 기억해야 할 메시지를 함께 읽어 봅시다.

우리는 더 지혜롭고 더 나은 선택처럼 보여서 죄를 짓지만, 죄는 고통과
슬픔을 낳을 뿐입니다.


우리 함께 기도해요.

우리 눈에 좋아 보이는 대로 살지 않고 하나님의 계획을 따라 살게 해 주
세요. 죄를 지어 고통당하지 않게 도와주세요.

# ◻ 목요일

**창세기 17:1-5** 아브람에게 새 이름을 주신 하나님

오늘 본문 말씀을 읽고 답해 보세요.

아브람에게 주신 새 이름 '아브라함'의 뜻은 무엇일까요? 5절에서 찾아보
세요.

**여러 민족의 아버지.**

+ 여러 나라의 아버지, 여러 나라의 조상이라는 뜻이에요.

한 걸음 더 들어가 볼까요?

어떤 사람이 아브라함의 자손이 될까요? 갈라디아서 3장 7, 9절을 읽고
생각해 보세요.

**아브라함처럼 하나님을 믿는 사람.**

★☆★

오늘 꼭 기억해야 할 메시지를 함께 읽어 봅시다.

우리는 믿음의 조상 아브라함처럼 하나님만 믿는 믿음의 자손입니다.

우리 함께 기도해요.

우리에게도 아브라함과 같은 믿음을 주세요. 하나님을 신실하게 믿는
사람이 되게 해 주세요.

# ▢ 금요일

## 창세기 17:6-10  아브라함과 언약을 맺으신 하나님

오늘 본문 말씀을 읽고 답해 보세요.

하나님이 아브라함과 맺으신 언약의 핵심 내용은 무엇인가요? 8절에서 찾아보세요.

**내가 너와 네 후손의 하나님이 되리라.**

한 걸음 더 들어가 볼까요?

하나님의 언약을 받은 우리는 어떻게 대답해야 할까요?

**우리는 하나님의 백성이 되겠습니다.**

+ 하나님의 백성은 하나님을 왕으로 모시고 따르는 하나님의 사람들이에요.

★☆★

오늘 꼭 기억해야 할 메시지를 함께 읽어 봅시다.

하나님은 우리의 하나님이 되고 싶어 하시고, 우리가 하나님의 백성이 되기를 바라십니다.

우리 함께 기도해요.

예수 그리스도를 통해 우리 하나님이 되시고, 우리를 하나님의 백성으로 삼아 주셔서 감사해요.

# ☐ 토요일

오늘 본문 말씀을 읽고 답해 보세요.

왜 아브라함은 자녀를 가질 거라고 믿기가 어려웠나요? 17절에서 찾아
보세요.

**아브라함은 100살이었고, 사라는 90살이었기 때문에.**

+ 생물학적으로 아이를 낳을 수 없는 나이라는 뜻이에요.

한 걸음 더 들어가 볼까요?

아브라함이 하나님의 말씀을 듣고서는 어떻게 했나요? 17절에서 찾아
설명해 보세요.

**엎드려 웃으며, 마음속으로 불가능하다고 중얼거렸어요.**

★☆★

오늘 꼭 기억해야 할 메시지를 함께 읽어 봅시다.

내 상황과 세상의 기준으로 하나님의 약속을 판단해서는 안 됩니다.

우리 함께 기도해요.

저도 _____했을 때 하나님의 약속이 불가능하다고 생각하
고 판단한 적이 있어요. 용서해 주세요.

# ▢ 주일

**오늘 설교 시간에 들은 성경 본문을 같이 읽어 보겠습니다.**

오늘 교회에서 하나님이 어떤 분이라고 배웠나요?

..................................................................................................................................

오늘 교회에서 죄가 무엇이라고 배웠나요?

..................................................................................................................................

오늘 교회에서 예수님이 어떤 분이라고 배웠나요?

..................................................................................................................................

오늘 교회에서 날마다 어떻게 생각하고 말하고 행동해야 한다고 배웠나요?

..................................................................................................................................

설교를 듣고 나서 무엇을 가장 크게 깨달았나요?

..................................................................................................................................

설교를 듣고 나서 뭐라고 하나님께 기도를 드렸나요?

..................................................................................................................................

## 탐험 5.
# 길고 고통스러운 테스트

### 📍 탐험 지도

이번 주 탐험에서는 아브라함의 삶을 따라가며 살펴봅시다. 하나님이 아브라함의 믿음을 테스트하시려고 아브라함을 기다리게 하셨어요. 아브라함은 하나님이 약속하신 아들이 태어날 때까지 아주 오래 기다려야 했어요. 기다리는 동안 아브라함의 믿음은 어떨 때는 하나님을 기쁘시게 했지만 어떨 때는 하나님을 크게 실망시켰어요. 그럼에도 불구하고 하나님은 아브라함에게 약속대로 아들 이삭을 주셨어요.

### 이번 주 우리 집 기도 제목

이번 주에 함께 곰곰이 생각하고 외워 볼 말씀은 **창세기 22장 14절**이에요.

# 월요일

창세기 21:1-7 약속하신 아들, 이삭이 태어나다

오늘 본문 말씀을 읽고 답해 보세요.

하나님이 어떤 약속을 지키셨나요? 1-2절에서 찾아보세요.

**아브라함과 사라 부부에게 아들이 태어났어요.**

> + 하나님이 아브라함에게 아들을 주겠다고 하신 약속을 지키셨어요.

한 걸음 더 들어가 볼까요?

6절에서 사라는 왜 웃었을까요?

> **내 생각으로는 아이를 갖는 일이 도저히 불가능한 일인데 하나님이 아들을 낳을 것이라고 약속을 하셨고, 그 약속을 지키셨어요. 사라는 너무 기뻐서 웃었어요.**

★☆★

오늘 꼭 기억해야 할 메시지를 함께 읽어 봅시다.

우리는 약속을 지키시는 하나님을 기뻐해야 합니다. 무엇보다 우리에게 구원자를 주겠다는 약속을 지키신 하나님을 기뻐해야 합니다.

> + 누가복음 2장 10-11절을 같이 읽으세요.

우리 함께 기도해요.

예수 그리스도를 이 땅에 보내 주셔서 우리에게 구원의 기쁨을 주신 하나님, 감사해요!

# ◻ 화요일

**창세기 21:8-13** 다른 아들, 이스마엘도 보호해 주시다

오늘 본문 말씀을 읽고 답해 보세요.

왜 하갈의 아들 이스마엘을 집에서 내보냈나요? 9절에서 찾아보세요.

<u>이스마엘이 이삭을 놀렸어요.</u>

한 걸음 더 들어가 볼까요?

이스마엘과 이삭은 어떤 차이가 있나요? 갈라디아서 4장 23절을 읽고
생각해 보세요.

<u>이스마엘은 인간의 생각과 방법으로 태어났고 이삭은 하나님의 약속으로</u>
<u>태어났어요.</u>

★☆★

오늘 꼭 기억해야 할 메시지를 함께 읽어 봅시다.

사람들은 둘로 나뉩니다. '내 힘으로, 내가 노력해서 구원받는다고 믿는
사람'과 '하나님의 약속으로 구원받는다고 믿는 사람.'

  + 갈라디아서 4장 23-31절을 같이 읽으세요.

우리 함께 기도해요.

우리가 인간적인 생각과 방법이 아니라 하나님이 우리에게 하신 약속을
믿게 해 주세요.

# □ 수요일

## 창세기 22:1-5 이삭이 죽을 위기에 처하다

오늘 본문 말씀을 읽고 답해 보세요.

하나님은 아브라함에게 이삭을 어떻게 하라고 하셨나요? 2절에서 찾아
보세요.

**번제로 드리라.**

+ 당시에는 하나님께 예배드릴 때 제물로 정해진 동물을 불에 태웠어요. 그것을 번제라고
해요.

한 걸음 더 들어가 볼까요?

아브라함은 그 명령을 듣고 어떻게 반응했나요? 오늘 본문의 3절과 히브
리서 11장 17절을 읽고 생각해 보세요.

**아침에 일찍이 일어나 하나님이 말씀하신 곳으로 이삭을 데리고 떠났어요.**
**아브라함은 믿음으로 순종했어요.**

★☆★

오늘 꼭 기억해야 할 메시지를 함께 읽어 봅시다.

하나님을 믿으면, 따르기 어렵다고 느껴지는 명령에도 순종할 수 있습
니다.

우리 함께 기도해요.

하나님이 하라고 하신 일을 할 수 있도록 믿음을 주시는 하나님을 찬양
합니다.

# 목요일

**창세기 22:6-10**  아브라함이 이삭을 제단에 바치다

오늘 본문 말씀을 읽고 답해 보세요.

아브라함이 이삭에게 뭐라고 말했나요? 8절에서 찾아보세요.

**번제할 어린양은 하나님이 자기를 위하여 친히 준비하시리라.**

한 걸음 더 들어가 볼까요?

어려움에 처한 순간에 하나님께서 꼭 필요한 것을 주신 적이 있었나요?

돌아가며 이야기해 보세요.

★☆★

오늘 꼭 기억해야 할 메시지를 함께 읽어 봅시다.

하나님이 우리에게 필요한 모든 것들을 채워 주십니다.

+ 빌립보서 4장 19절 같이 읽으세요.

우리 함께 기도해요.

이 땅에서 사는 동안 우리에게 필요한 모든 것을 채워 주시겠다 약속하신 하나님, 감사해요.

# □ 금요일

## 창세기 22:11-14   하나님이 다른 제물을 주시다

오늘 본문 말씀을 읽고 답해 보세요.

아브라함이 숫양을 어떻게 했나요? 13절에서 찾아보세요.

**가져다가 아들 이삭 대신 번제로 드렸어요.**

한 걸음 더 들어가 볼까요?

'대신한다'는 말은 무슨 뜻일까요?

**다른 사람이 할 일을 맡거나, 다른 사람이 있어야 할 자리에 서는 거예요.**

★☆★

오늘 꼭 기억해야 할 메시지를 함께 읽어 봅시다.

예수님은 저의 죄를 대신 지셨고, 저를 살리시려고 이 땅에 오셨습니다.

+ 베드로전서 2장 24절을 같이 읽으세요.

우리 함께 기도해요.

제가 지은 죄에 대한 벌을 대신 받으시려고 이 땅에 오신 예수님, 고맙습니다.

# ◻ 토요일

**창세기 22:15-19** 아브라함의 자손이 큰 복이 될 것이다

오늘 본문 말씀을 읽고 답해 보세요.

하나님이 어떻게 천하 만민을 축복하실까요? 18절에서 찾아보세요.

**아브라함의 씨(자손)를 통해.**

한 걸음 더 들어가 볼까요?

아브라함의 씨는 누구인가요? 갈라디아서 3장 16절에서 찾아보세요.

**예수 그리스도.**

★☆★

오늘 꼭 기억해야 할 메시지를 함께 읽어 봅시다.

하나님은 예수님을 통해 온 나라를 축복하셨습니다. 예수님을 통해 아브라함의 영적 자손이 셀 수 없이 많아졌습니다.

우리 함께 기도해요.

예수님을 통해 모든 나라를 축복해 주세요.

# 🞎 주일

**오늘 설교 시간에 들은 성경 본문을 같이 읽어 보겠습니다.**


오늘 교회에서 하나님이 어떤 분이라고 배웠나요?

....................................................................................................................

오늘 교회에서 죄가 무엇이라고 배웠나요?

....................................................................................................................

오늘 교회에서 예수님이 어떤 분이라고 배웠나요?

....................................................................................................................

오늘 교회에서 날마다 어떻게 생각하고 말하고 행동해야 한다고 배웠나요?

....................................................................................................................

설교를 듣고 나서 무엇을 가장 크게 깨달았나요?

....................................................................................................................

설교를 듣고 나서 뭐라고 하나님께 기도를 드렸나요?

....................................................................................................................

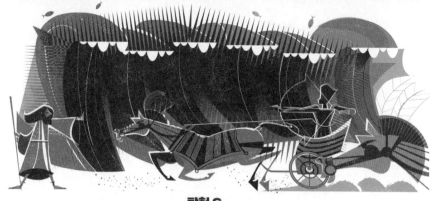

## 탐험 6.
# 노예 생활에서 구출되다

### ⊘ 탐험 지도

하나님은 아브라함 부부에게 아들 이삭을 주셔서 아브라함의 집안을 번성하게 하신다는 약속을 이루셨어요. 그다음에는 이삭의 아들 야곱 이야기가 펼쳐집니다. 심한 가뭄이 들어 야곱의 가정은 먹을 것을 구해야 했는데, 하나님은 가뭄이 들기 여러 해 전에 미리 야곱의 아들이었던 요셉을 애굽으로 보내 놓으셨어요. 덕분에 야곱의 집은 살 수 있었죠(창세기 37-50장). 시간이 흘러 요셉이 죽고 난 뒤 애굽 사람들은 야곱 집안사람들을 괴롭히고 노예로 삼았어요. 하지만 하나님은 이 집안의 자손이 점점 더 많아지게 하셨어요. 이 사람들을 이스라엘 자손, 이스라엘 족속, 이스라엘 민족, 이스라엘 백성이라고 부릅니다(출애굽기 1-2장). 이번 주 탐험에서는 하나님이 어떻게 '모세'를 세우셔서 애굽의 노예 생활에서 이들을 구해 주셨는지 살펴봅시다.

**이번 주 우리 집 기도 제목**

이번 주에 함께 곰곰이 생각하고 외워 볼 말씀은 **출애굽기 14장 13절**이에요.

## □ 월요일

### 출애굽기 2:23-3:6 '구원할 사람'을 부르신 하나님

오늘 본문 말씀을 읽고 답해 보세요.

하나님이 이스라엘 자손의 고통 소리를 들으시고 무엇을 기억하셨나요?
2장 24절에서 찾아보세요.

**아브라함과 이삭과 야곱에게 세운 하나님의 언약.**

한 걸음 더 들어가 볼까요?

3장 6절에서 모세가 하나님께 보인 반응은 어땠나요? 또 말씀을 읽고 기
도할 때 나는 어떤 마음으로 하나님께 나아가는지 돌아가며 이야기해
보세요.

**모세는 하나님 뵙는 것을 두려워해서 얼굴을 가렸어요.**

> + 하나님은 내가 얼마큼 기도하면 그대로 내주는 자판기가 아니에요. 하나님은 내 소원을
> 들어주는 종이 아니에요. 우리는 경외하고 공경하는 마음으로 하나님께 나아가야 해요.


★☆★

오늘 꼭 기억해야 할 메시지를 함께 읽어 봅시다.

우리와 한 약속을 꼭 지키시는 하나님을 경외하고 공경하겠습니다.


우리 함께 기도해요.

하나님을 경외하고 공경하는 마음으로 하나님의 말씀을 듣고 하나님과
대화하게 해 주세요.

# □ 화요일

**출애굽기 3:7-10** '구원할 사람'을 보내신 하나님

오늘 본문 말씀을 읽고 답해 보세요.

하나님이 어떤 일을 하라고 모세를 보내셨나요? 10절에서 찾아보세요.

**하나님의 백성 이스라엘 자손을 애굽에서 인도하여 내는 일.**

한 걸음 더 들어가 볼까요?

하나님이 무엇을 보고 들으셨나요? 7, 9절에서 찾아보세요.

**하나님의 백성이 고통당하는 모습을 보셨어요. 하나님은 그들의 부르짖음**
**을 들으셨어요. 애굽 사람이 그들을 괴롭히는 것도 다 보셨어요.**

★☆★

오늘 꼭 기억해야 할 메시지를 함께 읽어 봅시다.

하나님은 우리의 고통을 다 보십니다. 하나님은 우리의 부르짖음을 다
들으십니다.

우리 함께 기도해요.

제가 힘들 때 다 지켜보시고 속상한 제 마음에 귀 기울여 주셔서 감사
해요.

## ☐ 수요일

**출애굽기 3:11-15** '구원할 사람'을 택하시고 자신을 보여 주신 하나님

오늘 본문 말씀을 읽고 답해 보세요.

하나님이 모세더러 이스라엘 백성에게 무엇을 말하라고 하셨나요? 14절에서 찾아보세요.

**스스로 있는 자(하나님)가 나(모세)를 너희에게 보내셨다.**

한 걸음 더 들어가 볼까요?

15절에서 하나님이 좋아하시는 '하나님의 이름'을 찾아보세요.

**아브라함의 하나님, 이삭의 하나님, 야곱의 하나님.**

★☆★

오늘 꼭 기억해야 할 메시지를 함께 읽어 봅시다.

하나님은 그분의 백성과 사랑의 관계를 맺고, 언약을 맺고 싶어 하십니다.

우리 함께 기도해요.

우리에게 하나님의 이름을 알려 주시고, 우리 같은 죄인과 친한 사이가 되고 싶다고 손 내밀어 주신 하나님, 감사해요.

## 목요일

**출애굽기 12:1-7, 24-28** 대신할 어린양을 주신 하나님

+ 바로가 이스라엘을 놓아주게 하시려고 하나님은 애굽에 여러 가지 재앙을 내리셨어요. 그래도 바로가 이스라엘을 보내 주지 않자 마침내 하나님은 경고하셨어요. 애굽에 있는 모든 가정의 맏아들과 처음 태어난 것이 다 죽을 거라고 말이에요. 그 심판을 피하는 유일한 길이 있었는데, 바로 유월절 어린양이에요.

오늘 본문 말씀을 읽고 답해 보세요.

제물로 바칠 어린양은 어떤 것이었나요? 5절에서 찾아보세요.

<u>흠 없고 태어난 지 일 년 된 수컷.</u>

한 걸음 더 들어가 볼까요?

신약에서는 그리스도를 어떻게 설명하나요? 고린도전서 5장 7절과 베드로전서 1장 19절에서 찾아보세요.

<u>유월절 양. 흠 없고 점 없는 어린양.</u>

★☆★

오늘 꼭 기억해야 할 메시지를 함께 읽어 봅시다.

예수님은 하나님의 완전한 어린양이십니다. 예수님은 죄인인 나를 위해 하나님이 주신 완전한 구원자이십니다.

우리 함께 기도해요.

예수님만이 우리를 구원하실 완전한 어린양이심을 믿는 믿음을 주세요.

# ☐ 금요일

## 출애굽기 14:10-14, 30-31  노예 생활, 홍해, 애굽 군대에게서 구원하신 하나님

+ 결국 바로는 이스라엘 백성을 놓아주기로 마음을 먹었어요. 하지만 막상 이스라엘 백성이 떠나자 다시 마음을 바꿔 이스라엘 백성을 뒤쫓아 갔어요. 그다음에 무슨 일이 일어났는지 볼까요?

오늘 본문 말씀을 읽고 답해 보세요.

이스라엘 백성이 해야 할 일은 무엇이었나요? 13절에서 찾아보세요.

**두려워하지 말고 가만히 서서 여호와께서 오늘 그들을 위하여 행하시는 구원을 보는 것.**

한 걸음 더 들어가 볼까요?

홍해 사건에서 이스라엘 백성은 무엇을 배웠을까요? 13-14절을 읽고 생각해 보세요.

**하나님은 누구의 도움 없이 직접 우리를 구해 주십니다.**

★☆★

예수님은 하나님이 보내신 구원자이십니다. 예수님이 우리를 직접 구원하십니다.

우리 함께 기도해요.

제 힘으로는 저를 구원할 수 없어요. 예수님, 저를 구원해 주세요.

# 토요일

**출애굽기 15:1-6** 하나님의 구원을 찬양하다

오늘 본문 말씀을 읽고 답해 보세요.

모세는 하나님을 어떻게 표현하나요? 2절에서 찾아보세요.

**나의 힘, 나의 노래, 나의 구원, 나의 하나님, 내 아버지의 하나님.**

한 걸음 더 들어가 볼까요?

2절에 나오는 하나님을 높인다는 것은 무슨 뜻일까요? 어떻게 하면 그렇게 할 수 있을까요?

**하나님을 높이는 것은 하나님을 다른 누구보다 더 높은 자리에 모시는 거예요. 우리가 모세처럼 하나님을 찬양하는 노래를 부를 때 하나님은 높임을 받으세요.**

★☆★

오늘 꼭 기억해야 할 메시지를 함께 읽어 봅시다.

하나님이 우리를 구덩이에서 건져 주셨어요. 우리는 날마다 찬양의 노래를 불러 하나님을 높이겠습니다.

우리 함께 기도해요.

저를 구원하신 그리스도의 사랑을 진심으로 느끼고 싶어요. 그 사랑을 진심으로 감사하며, 매일매일 그리스도를 높이게 해 주세요.

# ◻ 주일

**오늘 설교 시간에 들은 성경 본문을 같이 읽어 보겠습니다.**


오늘 교회에서 하나님이 어떤 분이라고 배웠나요?

......................................................................................

오늘 교회에서 죄가 무엇이라고 배웠나요?

......................................................................................

오늘 교회에서 예수님이 어떤 분이라고 배웠나요?

......................................................................................

오늘 교회에서 날마다 어떻게 생각하고 말하고 행동해야 한다고 배웠나요?

......................................................................................

설교를 듣고 나서 무엇을 가장 크게 깨달았나요?

......................................................................................

설교를 듣고 나서 뭐라고 하나님께 기도를 드렸나요?

......................................................................................

## 탐험 7.
# 새 나라, 새 법

###  탐험 지도

애굽에서 이스라엘 백성을 구해 내신 하나님은 그들을 새 나라로 만드시고, 그들에게 법을 주셨어요. 하나님이 주신 율법은 우리가 하나님이 기뻐하시도록 살고 예배하도록 도와주는 규칙이에요.

이번 주 우리 집 기도 제목

이번 주에 함께 곰곰이 생각하고 외워 볼 말씀은 **출애굽기 20장 2절**이에요.

# ◻ 월요일

## 출애굽기 19:1-6   구원받은 사람과 순종

오늘 본문 말씀을 읽고 답해 보세요.

하나님이 이스라엘을 위해 하신 세 가지는 무엇일까요? 4절을 읽고 생각해 보세요.

**애굽 사람들을 심판하셨고, 이스라엘 백성을 애굽에서 탈출시키셔서 광야에서 인도하셨고, 그들을 하나님께로 이끄셨어요.**

한 걸음 더 들어가 볼까요?

하나님이 구해 주신 이스라엘 백성은 앞으로 어떻게 살아야 할까요? 5절에서 찾아보세요.

**하나님의 말씀을 잘 듣고 언약을 지켜야 합니다.**

★☆★

오늘 꼭 기억해야 할 메시지를 함께 읽어 봅시다.

큰 능력과 은혜로 우리를 구원하신 하나님, 감사합니다. 이제 하나님만 따르겠습니다.

우리 함께 기도해요.

구원해 주신 큰 은혜에 감사해요. 사랑의 하나님께 매일매일 순종하게 해 주세요.

# ☐ 화요일

**출애굽기 20:1-7**  하나님께 영광을 돌리는 순종

오늘 본문 말씀을 읽고 답해 보세요.

하나님이 십계명을 주시기 전에 자신이 어떤 분이라고 말씀하시나요? 2절
에서 찾아보세요.

**너를 애굽 땅, 종 되었던 집에서 인도하여 낸 네 하나님 여호와.**

한 걸음 더 들어가 볼까요?

3절에 나오는, 우리가 하나님 대신 예배하는 다른 신들에는 무엇이 있을
까요? 돌아가며 이야기해 보세요.

**예를 들면, 친구, 연예인, 텔레비전 프로그램, 게임, 돈, 스포츠, 장난감, 내
가 가진 것, 나 등등.**

★☆★

오늘 꼭 기억해야 할 메시지를 함께 읽어 봅시다.

율법을 지키는 것은 구원을 얻기 위한 방법이 아니라, 구원받은 뒤에 하
나님께 응답하는 방법입니다.

우리 함께 기도해요.

제 안에 있는 우상이 무엇인지 보여 주세요. 회개합니다. 그 우상을 깨
뜨려 주세요.

# ◻ 수요일

## 출애굽기 20:8-17　다른 사람들을 유익하게 하는 순종

오늘 본문 말씀을 읽고 답해 보세요.

부모님께 어떻게 해야 하나요? 12절에서 찾아보세요.

**공경해야 해요.**

한 걸음 더 들어가 볼까요?

우리는 어떤 방법으로 부모님을 공경할 수 있을까요? 돌아가며 이야기
해 보세요.

**예를 들면, 부모님이 하시는 말씀을 잘 듣고, 고마운 마음을 표현하고, 집안
일을 도울 수 있어요.**

★☆★

오늘 꼭 기억해야 할 메시지를 함께 읽어 봅시다.

하나님은 우리가 부모님을 공경하고, 학교나 교회 선생님, 세상의 리더
분들을 공경하기를 바라십니다.

우리 함께 기도해요.

제가 마음과 말과 행동으로 우리 부모님과 모든 리더의 자리에 있는 분
들을 공경하게 해 주세요.

# 목요일

**출애굽기 25:1-8** 하나님의 영광스러운 집

오늘 본문 말씀을 읽고 답해 보세요.

왜 하나님은 이스라엘이 "성소"(하나님의 집)를 짓기를 바라셨을까요?

**하나님은 이스라엘 사람들 가운데 함께 살고 싶어 하셨어요.**

한 걸음 더 들어가 볼까요?

신약에서는 하나님이 어떻게 사람들 가운데 사셨나요? 마태복음 1장 23절과 요한복음 1장 14절을 읽고 생각해 보세요.

**예수님이 이 땅에 사람의 몸을 입고 오셔서 사람들과 함께 사셨어요.**

★☆★

오늘 꼭 기억해야 할 메시지를 함께 읽어 봅시다.

하나님은 우리와 함께 살고 싶어 하십니다.

+ 요한복음 14장 16, 23절을 같이 읽으세요.

우리 함께 기도해요.

하나님, 성령을 통해 오늘도 제 안에 살고 계심을 믿습니다.

# ⛿ 금요일

**출애굽기 34:5-9**   하나님의 영광스러운 이름

오늘 본문 말씀을 읽고 답해 보세요.

하나님은 스스로 어떤 분이라고 말씀하시나요? 6절에서 찾아보세요.

**여호와. 자비롭고, 은혜롭고, 노하기를 더디하고, 인자(사랑)와 진실이 많은
하나님.**

한 걸음 더 들어가 볼까요?

하나님은 그분이 베푸시는 자비, 은혜, 인자(사랑)를 어떻게 보여 주시나
요? 7절 앞부분을 읽고 생각해 보세요.

**하나님은 수많은 사람들을 수없이 여러 번 용서하십니다.**

★☆★

오늘 꼭 기억해야 할 메시지를 함께 읽어 봅시다.

우리 같은 죄인에게 선하고 자비로운 하나님. 이것이 바로 하나님의 가
장 영광스러운 이름입니다.

우리 함께 기도해요.

자비로우신 하나님, 우리 죄를 용서하시고 하나님의 영광을 보여 주세요.

# ▢ 토요일

오늘 본문 말씀을 읽고 답해 보세요.

무엇이 성막에 충만했나요? 34절에서 찾아보세요.

+ 충만하다는 건 가득 차 넘친다는 뜻이에요.

**여호와의 영광.**

한 걸음 더 들어가 볼까요?

하나님의 영광이 충만한 신약 시대의 성막은 무엇일까요? 요한복음 1장 14절을 읽고 생각해 보세요.

**사람이 되신 예수님.**

★☆★

오늘 꼭 기억해야 할 메시지를 함께 읽어 봅시다.

하나님은 '성막'과 '사람이 되신 예수님'을 영광과 은혜로 충만하게 하셨습니다.

우리 함께 기도해요.

예수 그리스도 안에서 영광스러운 은혜를 보고 누릴 수 있게 해 주셔서 감사해요.

# ☐ 주일

**오늘 설교 시간에 들은 성경 본문을 같이 읽어 보겠습니다.**

오늘 교회에서 하나님이 어떤 분이라고 배웠나요?

..................................................................................................................

오늘 교회에서 죄가 무엇이라고 배웠나요?

..................................................................................................................

오늘 교회에서 예수님이 어떤 분이라고 배웠나요?

..................................................................................................................

오늘 교회에서 날마다 어떻게 생각하고 말하고 행동해야 한다고 배웠나요?

..................................................................................................................

설교를 듣고 나서 무엇을 가장 크게 깨달았나요?

..................................................................................................................

설교를 듣고 나서 뭐라고 하나님께 기도를 드렸나요?

## 탐험 8.
# 동물의 피,
# 광야의 흙먼지

### ⊘ 탐험 지도

이번 주 탐험에서는 아주 특별한 두 장소로 가 보려고 해요. 첫 번째 레위기 탐험은 동물의 피로 가득한 곳인데, 이것을 통해 하나님이 어떻게 죄를 용서하시는지 가르쳐 주셨어요. 두 번째 민수기 탐험에서는 흙먼지로 가득한 광야를 가 볼 거예요. 민수기 탐험에서는 하나님이 어떻게 죄를 벌하시는지 가르쳐 주십니다. 출발해 볼까요?

**이번 주 우리 집 기도 제목**

이번 주에 함께 곰곰이 생각하고 외워 볼 말씀은 히브리서 10장 12절이에요.

# ☐ 월요일

## 레위기 1:1-5  피의 제물

오늘 본문 말씀을 읽고 답해 보세요.

동물을 어디서 잡아야 했나요? 5절에서 찾아보세요.

**여호와 앞에서.**


한 걸음 더 들어가 볼까요?

누가 번제물을 드리라고 하셨나요? 3절에서 찾아보세요.

**여호와.**


★☆★

오늘 꼭 기억해야 할 메시지를 함께 읽어 봅시다.

이 제물은 여호와 앞에서 죽임을 당하신 하나님의 어린양 예수님을 나타내는 예언적 모습입니다.

+ 베드로전서 3장 18절을 같이 읽으세요.


우리 함께 기도해요.

우리 죄를 용서해 주시려고 완전한 제물이신 예수님을 주셔서 감사해요.

# ☐ 화요일

### 레위기 1:6-9 　화제물(불에 태워진 제물)

오늘 본문 말씀을 읽고 답해 보세요.

제물을 어디에 놓아야 했나요? 8절에서 찾아보세요.

**제단 위 불 위에 있는 나무.**

한 걸음 더 들어가 볼까요?

여기서 불은 무엇을 상징할까요?

**죄에 대한 하나님의 진노와 심판.**

★☆★

오늘 꼭 기억해야 할 메시지를 함께 읽어 봅시다.

오늘 본문 말씀은 우리 죄에 대한 하나님의 심판을 예수님이 대신 당하시는 예언적 장면입니다.

우리 함께 기도해요.

예수님이 제 대신 희생해 주셔서 제가 죄에 대한 심판을 받지 않게 되었어요. 그 사실을 받아들이고 믿는 믿음을 주세요.

# ◻ 수요일

오늘 본문 말씀을 읽고 답해 보세요.

여호와께서 제물을 불로 태우는 화제를 어떻게 생각하셨나요? 9, 13절에서 찾아보세요.

**향기로운 냄새.**

한 걸음 더 들어가 볼까요?

에베소서 5장 2절에서는 그리스도가 우리를 사랑하시고 우리를 위해 하신 일을 무엇이라고 표현하나요?

**자신을 버리사 향기로운 제물과 희생 제물로 하나님께 드리셨습니다.**

★☆★

오늘 꼭 기억해야 할 메시지를 함께 읽어 봅시다.

예수님의 희생을 하나님이 온전히 받으시고 인정하셨습니다.

우리 함께 기도해요.

예수님이 저를 사랑하셔서 하신 희생을 믿고 받아들이게 해 주세요.

# ☐ 목요일

민수기 14:1-5 광야에서 불평하다

오늘 본문 말씀을 읽고 답해 보세요.

이스라엘 백성은 어떻게 하고 싶어 했나요? 4절에서 찾아보세요.

**다른 지휘관을 세우고 애굽으로 돌아가려고 했어요.**

한 걸음 더 들어가 볼까요?

5절에 모세와 아론이 이스라엘 백성이 하는 불평을 듣고 반응하는 모습에서 무엇을 배울 수 있을까요?

**우리에게 힘이 없음을 겸손히 인정하면서 모든 문제를 하나님 앞으로 가져가야 해요.**

★☆★

오늘 꼭 기억해야 할 메시지를 함께 읽어 봅시다.

하나님이 이스라엘을 위해 그 모든 것을 해 주셨지만 그들은 은혜를 잊고 불평했습니다.

우리 함께 기도해요.

불평하는 죄를 짓지 않게 해 주세요. 하나님이 베풀어 주신 은혜를 늘 기억하게 해 주세요.

**민수기 14:26-32** 광야에서 죽다

오늘 본문 말씀을 읽고 답해 보세요.

왜 하나님이 이스라엘에게 크게 화가 나셨나요? 27절에서 찾아보세요.

**이스라엘 백성이 하나님을 원망했어요.**

한 걸음 더 들어가 볼까요?

하나님은 불평을 어떻게 보시나요? 29절을 읽고 생각해 보세요.

**불평하고 원망한 모든 사람이 광야에서 죽을 거라고 말씀하셨어요. 그만큼 하나님은 불평을 심각한 '죄'로 보십니다.**

★☆★

오늘 꼭 기억해야 할 메시지를 함께 읽어 봅시다.

하나님께 불평하고 하나님을 원망하면 심판을 받습니다.

우리 함께 기도해요.

_____을(를) 불평하고 원망했어요. 용서해 주세요. 하나님께 감사하고 찬양하는 마음을 가득 부어 주세요.

**민수기 21:4-9** 광야에서 구원받다

오늘 본문 말씀을 읽고 답해 보세요.

모세가 장대 위에 무엇을 매달았고, 그것이 어떻게 이스라엘을 구원했
나요? 8-9절에서 찾아보세요.

**놋뱀을 만들어 장대 위에 매달았고, 불뱀에게 물려도 그 놋뱀을 쳐다본 사
람은 죽지 않고 살았어요.**

한 걸음 더 들어가 볼까요?

이것이 신약에서는 어떤 모습으로 나타나나요? 요한복음 3장 14-15절
을 읽고 생각해 보세요.

**예수님이 십자가에 달리셨어요. 예수님을 바라보고 믿는 사람마다 죄의 독
에서 풀려나 영생을 얻었어요.**

+ 영생이란 영원한 생명, 영원한 삶이라는 뜻이에요.

★☆★

오늘 꼭 기억해야 할 메시지를 함께 읽어 봅시다.

십자가에 달려 죽으신 예수님을 바라보면 예수님을 십자가에 달리게 한
우리의 큰 죄가 보입니다. 그리고 그 무섭고 악한 죄에서 우리를 살려 주
신 하나님의 더 큰 은혜가 보입니다.

우리 함께 기도해요.

죄의 독에서 저를 씻어 주신 구원자 예수님을 늘 바라보게 해 주세요.

**오늘 설교 시간에 들은 성경 본문을 같이 읽어 보겠습니다.**

오늘 교회에서 하나님이 어떤 분이라고 배웠나요?

.................................................................................................................

오늘 교회에서 죄가 무엇이라고 배웠나요?

.................................................................................................................

오늘 교회에서 예수님이 어떤 분이라고 배웠나요?

.................................................................................................................

오늘 교회에서 날마다 어떻게 생각하고 말하고 행동해야 한다고 배웠나요?

.................................................................................................................

설교를 듣고 나서 무엇을 가장 크게 깨달았나요?

.................................................................................................................

설교를 듣고 나서 뭐라고 하나님께 기도를 드렸나요?

.................................................................................................................

## 탐험 9.

# 뒤를 보고, 앞을 보고, 위를 보다

### 🧭 탐험 지도

신명기 탐험에서 우리는 하나님이 이스라엘을 위해 하신 모든 일을 되돌아볼 거예요. 노예로 살던 애굽에서 구출해 주셨고, 율법을 주셨고, 40년 동안 광야에서 인도하셨어요. 그다음에는 하나님이 이스라엘에게 주겠다고 약속하신 가나안 땅을 내다보고, 마지막으로 모세를 따라 산을 오르며 눈을 들어 하나님을 같이 바라보려고 합니다. 하나님은 모세를 천국으로 데려가시기 전에 그 산에서 가나안 땅의 멋진 모습을 보게 하셨어요. 신명기는 이스라엘의 새 리더 여호수아가 등장하면서 끝이 납니다.

이번 주 우리 집 기도 제목

이번 주에 함께 곰곰이 생각하고 외워 볼 말씀은 **신명기 33장 27절 앞부분**("없도다"까지)이에요.

# 월요일

## 신명기 8:1-6  모세, 지나온 광야를 되돌아보다

오늘 본문 말씀을 읽고 답해 보세요.

이스라엘 백성에게 무엇을 기억하라고 하셨나요? 2절에서 찾아보세요.

**네 (이스라엘의) 여호와 하나님께서 40년 동안 광야 길을 걷게 하신 것.**

한 걸음 더 들어가 볼까요?

왜 하나님은 우리가 살면서 힘든 일을 만나게 하시나요? 2절에서 찾아보세요.

**이스라엘에게 그러셨던 것처럼, 하나님은 우리 마음이 어떠한지, 하나님의 명령을 지키는지 지키지 않는지 알고 싶어 하세요. 그래서 때로 우리를 낮추시고 테스트하십니다.**

★☆★

오늘 꼭 기억해야 할 메시지를 함께 읽어 봅시다.

하나님은 때로 우리를 겸손히 낮추시고 우리가 하나님께 순종하는지 테스트하시면서 우리 삶을 인도하십니다.

우리 함께 기도해요.

제가 늘 하나님 앞에 겸손하고 하나님께 순종하도록 이끌어 주세요.

# 화요일

오늘 본문 말씀을 읽고 답해 보세요.

이스라엘 백성이 먹을 것이 풍부해 배불렀을 때 해야 할 일은 무엇이었을까요? 10절을 읽고 생각해 보세요.

**하나님께서 그들에게 주신 아름다운 모든 좋은 선물을 감사하며 하나님을 찬송해야 했어요.**

한 걸음 더 들어가 볼까요?

하나님을 잊으면 어떤 현상이 나타나나요? 11절을 읽고 생각해 보세요.

**여호와의 명령을 지키지 않게 됩니다.**

★☆★

오늘 꼭 기억해야 할 메시지를 함께 읽어 봅시다.

많은 사람들이 삶에 어려운 일이 없으면 하나님을 금방 잊어버리고 하나님께 순종하지도 않습니다.

우리 함께 기도해요.

저도 자꾸만 하나님을 잊어버려요. 하나님 말씀을 모른 척할 때도 많아요. 용서해 주세요. 하나님이 저와 우리 집에 주신 _____을 감사합니다. 이 모든 좋은 선물을 주시는 하나님을 찬양합니다.

# ◻ 수요일

오늘 본문 말씀을 읽고 답해 보세요.

우리 마음이 어떨 때 하나님을 잊을까요? 14절에서 찾아보세요.

**마음이 교만할 때.**

> + 마음이 교만하다는 건 마음이 높아진다는 거예요.

한 걸음 더 들어가 볼까요?

우리 마음이 교만해지면 어떻게 되나요? 17절을 읽고 생각해 보세요.

**다 내 능력과 내 손의 힘으로 얻어 낸 것이라고 말하게 돼요.**

★☆★

오늘 꼭 기억해야 할 메시지를 함께 읽어 봅시다.

교만한 마음이란 하나님보다 나를 더 높이고 예배하는 것입니다.

우리 함께 기도해요.

늘 겸손한 마음으로 하나님만 예배하게 해 주세요.

# 목요일

오늘 본문 말씀을 읽고 답해 보세요.

이스라엘 백성은 왜 행복한 사람들인가요? 29절에서 찾아보세요.

여호와의 구원을 얻었기 때문이에요. 하나님이 그들을 돕는 방패, 그들의
영광의 칼이시기 때문이에요.

한 걸음 더 들어가 볼까요?

왜 구원받으면 행복할까요?

아무리 애써도 우리 노력으로는 구원을 얻어 낼 수 없어요. 그런데 예수님
이 우리를 구원해 주셨어요. 예수님께 받은 구원은 우리의 모든 죄를 이길
능력이 있는 완전한 구원이에요.

★☆★

오늘 꼭 기억해야 할 메시지를 함께 읽어 봅시다.

하나님께 구원받은 우리는 세상에서 가장 행복한 사람입니다.

우리 함께 기도해요.

제 힘으로 구원을 얻으려고 애쓰지 않고, 예수님을 의지합니다. 저를 구
원해 주셔서 행복해요. 이 행복을 _____도 누리게 해 주세요.

# ◻ 금요일

## 신명기 34:1-6  모세, 천국에 가다

오늘 본문 말씀을 읽고 답해 보세요.

하나님은 무슨 약속을 지키셨나요? 4절에서 찾아보세요.

**아브라함과 이삭과 야곱의 후손에게 주겠다고 하신 땅에 대한 약속.**

한 걸음 더 들어가 볼까요?

그것을 보고 하나님이 어떤 분이심을 알 수 있을까요? 고린도후서 1장 20절도 읽고 생각해 보세요.

**하나님은 약속을 반드시 지키시는 분입니다.**

★☆★

오늘 꼭 기억해야 할 메시지를 함께 읽어 봅시다.

하나님은 항상 약속을 지키시는 분이니, 우리는 하나님의 약속을 항상 믿을 수 있습니다.

우리 함께 기도해요.

저와 우리 가족을 구원해 주신다는 하나님의 약속을 믿는 믿음을 주세요.

+ 요한복음 3장 16절, 로마서 10장 13절을 같이 읽으세요.

# ㅁ 토요일

### 신명기 34:7-12 여호수아, 모세의 뒤를 잇다

오늘 본문 말씀을 읽고 답해 보세요.

이스라엘의 다음 리더 여호수아는 어떤 사람이었나요? 9절에서 찾아보세요.

**지혜의 영이 충만한 사람.**


한 걸음 더 들어가 볼까요?

그때까지는 모세가 이스라엘을 위해 가장 큰일을 한 선지자였어요. 그렇지만 더 큰일을 행하신 리더가 계세요. 누구신가요? 히브리서 3장 1-6절을 읽고 생각해 보세요.

**예수님이 가장 큰 영광을 받으실 분입니다.**


★☆★

오늘 꼭 기억해야 할 메시지를 함께 읽어 봅시다.

모세와 여호수아는 위대한 리더였습니다. 하지만 예수님은 그들과 비교할 수 없이 가장 위대한 리더이십니다.


우리 함께 기도해요.

예수님의 음성을 잘 듣는 귀를 주세요.

## ◻ 주일

**오늘 설교 시간에 들은 성경 본문을 같이 읽어 보겠습니다.**

오늘 교회에서 하나님이 어떤 분이라고 배웠나요?

.......................................................................................................

오늘 교회에서 죄가 무엇이라고 배웠나요?

.......................................................................................................

오늘 교회에서 예수님이 어떤 분이라고 배웠나요?

.......................................................................................................

오늘 교회에서 날마다 어떻게 생각하고 말하고 행동해야 한다고 배웠나요?

.......................................................................................................

설교를 듣고 나서 무엇을 가장 크게 깨달았나요?

.......................................................................................................

설교를 듣고 나서 뭐라고 하나님께 기도를 드렸나요?

.......................................................................................................

## 탐험 10.
# 약속의 땅에 들어가기

###  탐험 지도

이스라엘은 리더인 여호수아를 따라 약속의 땅 가나안에 들어가서 살기 시작했어요. 모든 것이 좋아 보였지만, 그들은 금세 하나님이 세우신 리더와 하나님이 주신 율법을 배신하고 맙니다. 사사기를 보면 사람이 하나님을 배신하고 자기 마음대로 할 때 무슨 일이 일어나는지 알 수 있어요.

**이번 주 우리 집 기도 제목**

이번 주에 함께 곰곰이 생각하고 외워 볼 말씀은 **사사기 21장 25절**이에요.

## □ 월요일

### 여호수아 1:1-5  하나님, 이스라엘에 새 리더를 주시다

오늘 본문 말씀을 읽고 답해 보세요.

모세가 죽은 후 하나님은 누구를 이스라엘의 리더로 선택하셨나요? 1-2절에서 찾아보세요.

**여호수아.**


한 걸음 더 들어가 볼까요?

하나님이 여호수아에게 무엇을 약속하셨나요? 5절에서 찾아보세요.

**모세와 함께 있었던 것같이 너와 함께 있을 것이다.**


★☆★

오늘 꼭 기억해야 할 메시지를 함께 읽어 봅시다.

하나님은 그분의 백성을 이끌고 가르칠 리더를 세우십니다.


우리 함께 기도해요.

우리를 잘 이끌 리더를 세워 주시고, 세우신 영적 리더와 함께해 주세요.

# 화요일

### 여호수아 1:6-9  하나님, 늘 함께하겠다고 약속하시다

오늘 본문 말씀을 읽고 답해 보세요.

하나님이 여호수아에게 무엇을 명령하셨나요? 9절에서 찾아보세요.

**강하고 담대하라. 두려워하지 말며 놀라지 말라.**

+ 강하고 담대하라는 건 힘차고 용감하게 앞으로 나아가라는 뜻이에요.

한 걸음 더 들어가 볼까요?

어떻게 하면 두려움을 떨칠 수 있을까요? 9절을 읽고 생각해 보세요.

**어디로 가든지 나의 하나님이 나와 함께하신다는 사실을 기억하면 돼요.**

★☆★

오늘 꼭 기억해야 할 메시지를 함께 읽어 봅시다.

하나님은 어려운 일이 생길 때도 굳세고 용감하라고 하십니다.

우리 함께 기도해요.

힘든 일이 찾아와도 앞으로 나아갈 수 있는 힘과 용기를 주세요.

# □ 수요일

**사사기 2:1-5** 이스라엘, 하나님 앞에서 울다

오늘 본문 말씀을 읽고 답해 보세요.

보김에서 누가 이스라엘에 말했나요? 1절에서 찾아보세요.

**여호와의 사자.**

한 걸음 더 들어가 볼까요?

하나님이 우리 죄를 깨우쳐 주시면 어떻게 해야 하나요? 4절을 읽고 생각해 보세요.

**하나님을 향해 진심으로 울며 회개해야 해요.**

★☆★

오늘 꼭 기억해야 할 메시지를 함께 읽어 봅시다.

하나님이 우리 죄를 보여 주시면 회개하며 자비를 구해야 합니다.

우리 함께 기도해요.

저의 죄를 보여 주세요. 제가 하나님께 죄지은 것을 슬퍼하고 회개하게 해 주세요.

# ▢ 목요일

**사사기 2:6-10** 이스라엘, 하나님을 잊어버리다

오늘 본문 말씀을 읽고 답해 보세요.

10절을 다시 한 번 읽고, 여호수아가 죽은 후 사람들은 어땠는지 설명해 보세요.

> 새 세대는 여호와를 알지 못하며, 여호와께서 이스라엘을 위하여 행하신 일도 알지 못했어요.

한 걸음 더 들어가 볼까요?

부모가 자녀에게 성경을 가르치는 일이 왜 중요할까요?

> 부모가 가르치지 않으면, 우리에게 꼭 필요한 것을 주시고 우리를 구원하신 하나님의 위대한 일들을 자녀들이 알 수 없기 때문이에요.

★☆★

오늘 꼭 기억해야 할 메시지를 함께 읽어 봅시다.

하나님은 모든 부모들에게, 사랑하는 자녀가 하나님이 어떤 분이신지 알고 하나님이 하신 일이 무엇인지 알도록 가르치는 일을 맡기셨습니다.

우리 함께 기도해요.

하나님을 잊어버리지 않도록 이 가정 예배 시간을 주셔서 감사해요.

# ◻ 금요일

**사사기 2:11-15**  이스라엘, 다른 신을 따르다

오늘 본문 말씀을 읽고 답해 보세요.

이스라엘이 하나님께 지은 죄는 무엇인가요? 12절에서 찾아보세요.

**하나님을 버리고 다른 신들을 따르고 그들에게 절했어요.**


한 걸음 더 들어가 볼까요?

이스라엘이 하나님을 버렸을 때 하나님은 어떻게 하셨나요? 15절에서
찾아보세요.

**그들이 어디로 가든지 하나님의 손이 그들에게 재앙을 내리셨습니다.**


★☆★

오늘 꼭 기억해야 할 메시지를 함께 읽어 봅시다.

우리가 하나님을 버리고 다른 신들을 따르면, 우리는 영원히 죽습니다.
그래서 하나님은 때로 야단을 치고 매를 드셔서라도 우리를 돌아오라고
부르십니다.


우리 함께 기도해요.

하나님이 아닌 다른 엉뚱한 신들을 따르지 않게 해 주세요.

토요일

**사사기 2:16-19** 하나님, 이스라엘을 불쌍히 여기시다

오늘 본문 말씀을 읽고 답해 보세요.

하나님이 노략자들의 손에서 이스라엘을 구원하려고 무엇을 하셨나요?
16절에서 찾아보세요.

**사사들을 세우셨어요.**

+ 당시에 사사는 전쟁이 일어났을 때 군대를 다스리는 지휘관 일을 했어요.

한 걸음 더 들어가 볼까요?

우리가 지은 죄 때문에 고통당할 때 하나님은 우리를 어떻게 보실까요?
새번역 성경 18절에서 찾아보세요.

+ 새번역 성경을 한 구절씩 불러 주어 자녀들이 따라 읽고 답을 찾게 해 주세요. "그러나 주
님께서는 그들을 돌보시려고 사사를 세우실 때마다 그 사사와 함께 계셔서, 그 사사가 살
아 있는 동안에는 그들을 원수들의 손에서 구하여 주셨다. 주님께서, 원수들에게 억눌려
괴로움을 당하는 그들의 신음소리를 들으시고, 그들을 불쌍히 여기셨기 때문이다."

**우리를 불쌍히 여기세요.**

★☆★

오늘 꼭 기억해야 할 메시지를 함께 읽어 봅시다.

죄 때문에 고통당하는 우리를 하나님은 불쌍히 여기십니다. 그래서 하
나님은 예수님을 보내 주셔서 우리를 죄와 슬픔에서 구하셨습니다.

우리 함께 기도해요.

우리를 불쌍히 여기시고 구원자를 보내 주셔서 감사해요.

## ◻ 주일

**오늘 설교 시간에 들은 성경 본문을 같이 읽어 보겠습니다.**

오늘 교회에서 하나님이 어떤 분이라고 배웠나요?

..................................................................................

오늘 교회에서 죄가 무엇이라고 배웠나요?

..................................................................................

오늘 교회에서 예수님이 어떤 분이라고 배웠나요?

..................................................................................

오늘 교회에서 날마다 어떻게 생각하고 말하고 행동해야 한다고 배웠나요?

..................................................................................

설교를 듣고 나서 무엇을 가장 크게 깨달았나요?

..................................................................................

설교를 듣고 나서 뭐라고 하나님께 기도를 드렸나요?

..................................................................................

## 탐험 11.
# 나쁜 왕과 좋은 왕

### 🧭 탐험 지도

지난 여호수아와 사사기 탐험에서 우리한테 좋은 왕이 얼마나 필요한지 보았어요. 우리가 같이 룻기를 직접 탐험하지는 않겠지만, 룻기 끝부분 4장 18-22절을 보면 흥미로운 가계도가 나와요. 그 가계도에 다윗이라는 이름이 등장합니다. 이번 주 사무엘상, 사무엘하 탐험에서는 그 다윗 왕을 만나 볼 거예요. 이스라엘 백성은 처음으로 왕을 선택했는데, 안타깝게도 잘못된 선택이었어요. 그래서 사무엘이라는 선지자가 하나님이 선택하신 이스라엘의 새 왕을 찾아 길을 나섭니다.

**이번 주 우리 집 기도 제목**

이번 주에 함께 곰곰이 생각하고 외워 볼 말씀은 **사무엘상 16장 7절 뒷부분**("내가 보는 것은"부터)이에요.

### 사무엘상 16:1-5  하나님, 사람들이 택한 왕을 거절하시다

오늘 본문 말씀을 읽고 답해 보세요.

사무엘에게 하나님이 택하신 왕을 어디서 찾으라고 하셨나요? 1절에서 찾아보세요.

**베들레헴 사람 이새의 아들 중에서.**

한 걸음 더 들어가 볼까요?

우리의 리더는 누가 정할까요? 3절과 로마서 13장 1절을 읽고 생각해 보세요.

**하나님이 정하십니다.**

★☆★

오늘 꼭 기억해야 할 메시지를 함께 읽어 봅시다.

하나님은 리더들을 그 자리에서 내려오게도 하시고 세우기도 하십니다.

우리 함께 기도해요.

세상 곳곳마다 꼭 있어야 할 경건한 리더들을 세워 주세요.

## ☐ 화요일

**사무엘상 16:6-10** 하나님이 왕을 택하시다

오늘 본문 말씀을 읽고 답해 보세요.

사람은 무엇을 가장 관심 있게 보나요? 7절에서 찾아보세요.

**외모.**

한 걸음 더 들어가 볼까요?

하나님은 무엇을 가장 관심 있게 보시나요? 7절에서 찾아보세요.

**우리의 중심.**

+ 여기서 중심은 마음을 뜻해요.

★☆★

오늘 꼭 기억해야 할 메시지를 함께 읽어 봅시다.

하나님의 가장 큰 관심은 내 외모가 아니라 내 마음입니다.

우리 함께 기도해요.

다른 사람에게 어떻게 보일까 신경 쓰기보다 제 마음 상태가 어떤지 잘 들여다보게 해 주세요.

100

# ▫ 수요일

오늘 본문 말씀을 읽고 답해 보세요.

사무엘이 기름 뿔병을 가져다가 다윗에게 부었더니 무슨 일이 일어났나
요? 13절에서 찾아보세요.

**그날 이후로 다윗이 여호와의 영에 크게 감동되었어요.**

+ 하나님의 영이 다윗을 사로잡아 늘 함께하셨다는 말이에요.


한 걸음 더 들어가 볼까요?

여호와의 영이 떠나면 어떻게 될까요? 14절에서 찾아보세요.

**악령이 들어올 길이 열려요.**

+ 악령은 악한 영이에요


★☆★

오늘 꼭 기억해야 할 메시지를 함께 읽어 봅시다.

악한 영에서 벗어나려면 '하나님의 영'이신 성령이 필요합니다.


우리 함께 기도해요.

우리에게 성령을 주세요.

## 사무엘상 17:32-37  하나님이 택하신 왕은 용감하다

오늘 본문 말씀을 읽고 답해 보세요.

32절에서 말하는 블레셋 사람은 누구인가요? 23절에 그 이름이 나와요. 찾아보세요.

**골리앗.**

한 걸음 더 들어가 볼까요?

누가 다윗을 블레셋 사람의 손에서 건져 낼 수 있을까요? 37절에서 찾아 보세요.

**예전에도 사자의 발톱과 곰의 발톱에서 다윗을 건져 내신 여호와.**

★☆★

오늘 꼭 기억해야 할 메시지를 함께 읽어 봅시다.

우리의 적이 아무리 크고 강해도 하나님은 적에게서 우리를 얼마든지 건져 내실 수 있습니다.

우리 함께 기도해요.

저를 건져 주셔서 감사해요. 하나님을 믿는 모든 사람을 적에게서 구해 주세요.

## ▢ 금요일

**사무엘상 17:41-49 하나님이 택하신 왕은 악과 싸운다**

오늘 본문 말씀을 읽고 답해 보세요.

다윗은 누구의 이름으로 골리앗에게 나아갔을까요? 45절에서 찾아보세요.

만군의 여호와의 이름, 곧 골리앗이 모욕하는 이스라엘 군대의 하나님의 이름.

한 걸음 더 들어가 볼까요?

하나님이 하나님의 백성을 위해 전쟁에서 싸워 이기실 때 어떤 일이 일어날까요? 46-47절을 읽고 생각해 보세요.

하나님이 살아 계시고 그분이 자신의 백성을 위해 싸우신다는 것을 모든 사람이 알게 됩니다.

★☆★

오늘 꼭 기억해야 할 메시지를 함께 읽어 봅시다.

하나님은 가장 큰 원수를 이기셨습니다. 예수님이 지신 십자가로 죄와 죽음과 마귀를 다 이기셨습니다.

우리 함께 기도해요.

십자가에서 하나님이 승리하신 것을 보고 세상 모든 사람이 하나님을 알게 해 주세요.

# ⬜ 토요일

**사무엘상 17:50-54** 하나님이 택하신 왕은 승리한다

오늘 본문 말씀을 읽고 답해 보세요.

다윗이 골리앗을 무찌를 때 사용하지 않은 무기는 무엇일까요? 50절에서 찾아보세요.

**칼.**

한 걸음 더 들어가 볼까요?

우리의 가장 큰 원수는 누구일까요?

**마귀. 다른 이름은 사탄이에요.**

★☆★

오늘 꼭 기억해야 할 메시지를 함께 읽어 봅시다.

하나님은 '십자가'라는 무기로 우리의 가장 큰 원수를 무찌르셨습니다.

+ 골로새서 2장 14-15절을 같이 읽으세요.

우리 함께 기도해요.

십자가에서 원수 마귀를 무찔러 주셔서 감사합니다.

## ☐ 주일

**오늘 설교 시간에 들은 성경 본문을 같이 읽어 보겠습니다.**


오늘 교회에서 하나님이 어떤 분이라고 배웠나요?

.......................................................................................................

오늘 교회에서 죄가 무엇이라고 배웠나요?

.......................................................................................................

오늘 교회에서 예수님이 어떤 분이라고 배웠나요?

.......................................................................................................

오늘 교회에서 날마다 어떻게 생각하고 말하고 행동해야 한다고 배웠나요?

.......................................................................................................

설교를 듣고 나서 무엇을 가장 크게 깨달았나요?

.......................................................................................................

설교를 듣고 나서 뭐라고 하나님께 기도를 드렸나요?

.......................................................................................................

# 특별한 왕을 주시겠다는 특별한 약속

## ⊘ 탐험 지도

다윗은 이스라엘의 위대한 왕이에요. 이번 주 탐험에서는 다윗의 삶에서 가장 빛났던 순간을 살펴볼 계획입니다. 하나님이 다윗과 특별한 언약을 하셨을 때 다윗의 삶은 가장 빛이 났어요. 그리고 다윗의 삶에서 가장 고통스러웠던 순간도 살펴볼 건데, 바로 다윗이 하나님께 죄를 짓고 넘어진 안타까운 사건이에요.

**이번 주 우리 집 기도 제목**

이번 주에 함께 곰곰이 생각하고 외워 볼 말씀은 **사무엘하 7장 16절**이에요.

# 월요일

**사무엘하 7:12-17** 위대한 약속을 하신 하나님

오늘 본문 말씀을 읽고 답해 보세요.

하나님은 다윗에게 무엇을 약속하셨나요? 16절에서 찾아보세요.

**네 집과 네 나라가 영원히 보전되고, 네 왕위가 영원히 견고하리라.**

한 걸음 더 들어가 볼까요?

하나님은 그 약속을 어떻게 이루셨을까요? 누가복음 1장 32-33절 말씀을 읽고 생각해 보세요.

**다윗의 자손 예수님이 왕이 되셨어요. 예수님이 영원히 다스리시는 무궁한 나라를 세우셨어요.**

+ 무궁한다는 건 끝이 없다는 거예요.

★☆★

오늘 꼭 기억해야 할 메시지를 함께 읽어 봅시다.

하나님의 나라는 절대 끝나지 않는 영원한 나라입니다.

우리 함께 기도해요.

왕이신 예수님, 감사해요. 저와 우리 집을 다스려 주세요.

# 화요일

**사무엘하 7:18-24** 겸손하게 응답한 다윗

오늘 본문 말씀을 읽고 답해 보세요.

다윗이 어떤 질문을 했나요? 18절에서 찾아보세요.

**내가 누구이고 내 집은 무엇이기에 나를 이 자리까지 이르게 하셨나이까?**

한 걸음 더 들어가 볼까요?

하나님이 은혜로운 약속을 주실 때 우리는 어떻게 반응해야 할까요? 다윗이 보인 반응을 보면서 생각해 보세요.

**하나님의 은혜를 당연하다는 듯이 생각하지 말아야 해요. 하나님의 크신 은혜에 놀라고 감탄하는, 겸손한 마음으로 반응해야 해요.**

★☆★

오늘 꼭 기억해야 할 메시지를 함께 읽어 봅시다.

진짜 예배는 겸손함으로 시작해서 하나님의 사랑에 놀라고 감탄하는 것입니다.

우리 함께 기도해요.

우리에게 베푸신 구원을 생각할 때마다 진심으로 놀라고 감탄하는 겸손한 마음을 주세요.

### 사무엘하 11:1-5  죄를 범한 다윗

오늘 본문 말씀을 읽고 답해 보세요.

다윗은 십계명 가운데 어떤 계명을 어겼나요? 출애굽기 20장 14절에서 찾아보세요.

**간음하지 말라.**

한 걸음 더 들어가 볼까요?

다윗의 죄는 어떻게 시작되었을까요? 오늘 본문 2절에서 찾아보세요.

**여인이 목욕하는 모습을 보면서 시작되었어요.**

★☆★

오늘 꼭 기억해야 할 메시지를 함께 읽어 봅시다.

작은 죄가 큰 죄로 변하니 조심해야 합니다.

우리 함께 기도해요.

우리를 시험에 들게 하지 마시옵고 다만 악에서 구하시옵소서.

+ 마태복음 6장 13절을 같이 읽으세요.

# ☐ 목요일

**사무엘하 12:1-6** 다윗에게 나단을 보내신 하나님

오늘 본문 말씀을 읽고 답해 보세요.

다윗은 어떤 면에서 나단이 하는 이야기에 나오는 부자와 같은가요? 4절을 읽고 생각해 보세요.

**이미 아내가 있으면서 다른 사람의 아내를 훔쳤어요.**

한 걸음 더 들어가 볼까요?

나에게도 나단의 이야기에 반응하는 다윗의 모습과 비슷한 모습이 있는지 5-6절을 읽고 생각해 보세요.

**다른 사람의 죄를 보고는 화를 내면서 내가 지은 죄는 쉽게 생각하거나 그럴 수밖에 없었다고 변명해요.**

★☆★

오늘 꼭 기억해야 할 메시지를 함께 읽어 봅시다.

내가 지은 큰 죄는 못 보고 남이 저지른 작은 죄를 쉽게 비판하지 않도록 조심해야 합니다.

우리 함께 기도해요.

다른 사람의 죄보다 제가 지은 죄를 더 심각하게 생각하게 해 주세요.

### 사무엘하 12:7-10  다윗의 죄를 드러낸 나단

오늘 본문 말씀을 읽고 답해 보세요.

죄를 저지른 다윗에게 하나님은 어떤 벌을 내리셨나요? 10절에서 찾아 보세요.

**칼이 다윗의 집에서 영원토록 떠나지 아니하리라.**

한 걸음 더 들어가 볼까요?

몰래 숨어서 저지른 죄는 영원히 감출 수 있을까요? 12절에서 찾아보세요.

**아무리 숨어서 저질렀어도 그건 우리 생각이에요. 하나님은 다 보고 계시며, 마음먹으시면 모든 사람이 볼 수 있도록 공개하실 수 있어요.**

★☆★

오늘 꼭 기억해야 할 메시지를 함께 읽어 봅시다.

내가 몰래 숨어서 짓는 죄도 하나님은 다 보고 계십니다.

우리 함께 기도해요.

겉으로든 숨어서든 제가 하나님 앞에 죄를 짓지 않게 막아 주세요.

# ☐ 토요일

### 사무엘하 12:11-14  죄를 자백한 다윗

오늘 본문 말씀을 읽고 답해 보세요.

나단이 다윗에게 무엇이라고 말했나요? 13절에서 찾아보세요.

**하나님이 당신의 죄를 사하셨다. 당신은 죽지 않을 것이다.**

한 걸음 더 들어가 볼까요?

다윗이 죄를 지어서 일어날 일 가운데 하나는 무엇인가요? 14절에서 찾아보세요.

**다윗이 밧세바를 통해 낳은 아이가 죽게 되었어요.**

★☆★

오늘 꼭 기억해야 할 메시지를 함께 읽어 봅시다.

하나님이 우리 죄를 용서하셔서 우리는 지옥에 가지 않지만, 이 땅에서 그 죄가 불러온 고통스러운 일들을 겪을 수 있습니다.

우리 함께 기도해요.

저의 죄를 용서해 주세요. 그리고 제가 지은 죄 때문에 일어나는 고통스러운 결과들을 피하지 않고 받아들이게 해 주세요.

# 🗐 주일

**오늘 설교 시간에 들은 성경 본문을 같이 읽어 보겠습니다.**

오늘 교회에서 하나님이 어떤 분이라고 배웠나요?

..........................................................................................................................................

오늘 교회에서 죄가 무엇이라고 배웠나요?

..........................................................................................................................................

오늘 교회에서 예수님이 어떤 분이라고 배웠나요?

..........................................................................................................................................

오늘 교회에서 날마다 어떻게 생각하고 말하고 행동해야 한다고 배웠나요?

..........................................................................................................................................

설교를 듣고 나서 무엇을 가장 크게 깨달았나요?

..........................................................................................................................................

설교를 듣고 나서 뭐라고 하나님께 기도를 드렸나요?

..........................................................................................................................................

# 다윗의 노래

## 🧭 탐험 지도

자녀가 잘못을 저지르면 부모님이 야단도 치고 벌을 주죠? 자녀를 사랑해서, 자녀를 위해서 그러는 거예요. 하나님도 다윗에게 그렇게 하셨어요. 다윗이 큰 잘못을 저지르고 하나님을 엄청 실망시켰지만 하나님은 그래도 여전히 다윗을 사랑하셨습니다. 그래서 여러 슬픈 사건들을 통해서 다윗에게 벌을 주셨어요. 다윗의 아들 압살롬이 왕의 자리를 넘보고 다윗에게 반역했고, 결국에는 압살롬이 죽습니다. 이 모든 슬픔과 고통의 시간을 보내고 나이가 든 다윗은 하나님을 찬양해요. 위대하고 영원한 왕을 주신다는 하나님의 약속을 노래합니다.

**이번 주 우리 집 기도 제목**

이번 주에 함께 곰곰이 생각하고 외워 볼 말씀은 **사무엘하 22장 47절**이에요.

# □ 월요일

오늘 본문 말씀을 읽고 답해 보세요.

압살롬이 아버지 다윗을 죽이려는 큰 죄를 저질렀음에도 다윗은 요압에게 압살롬을 어떻게 하라고 하나요? 5절에서 찾아보세요.

**너그러이 대우하라.**

한 걸음 더 들어가 볼까요?

압살롬의 반역과 그 결과를 보고 무엇을 배웠나요? 14-15절을 읽고 생각해 보세요.

**하나님이 주신 리더에게 순종하지 않으면 고통스러운 열매를 맺습니다.**

★☆★

오늘 꼭 기억해야 할 메시지를 함께 읽어 봅시다.

하나님이 주신 리더들에게 순종하지 않으면 누려야 할 생명을 온전히 누리지 못합니다.

우리 함께 기도해요.

_____하라고 하신 부모님 말씀을 듣지 않았어요. 용서해 주세요. 부모님을 공경하게 해 주세요.

# □ 화요일

사무엘하 18:33-19:4  아들 때문에 우는 다윗

오늘 본문 말씀을 읽고 답해 보세요.

압살롬이 죽었다는 말을 듣고 다윗이 울면서 뭐라고 외쳤나요? 33절에서 찾아보세요.

**내 아들 압살롬아, 차라리 내가 너를 대신하여 죽었다면! 압삽롬 내 아들아, 내 아들아!**

한 걸음 더 들어가 볼까요?

압살롬을 대신해 죽기를 바라는 다윗의 마음은 예수님의 마음과 어떻게 비슷한가요? 로마서 5장 8절을 읽고 생각해 보세요.

**예수님은 반역자인 우리를 대신해 죽기를 바라셨고, 실제로 그렇게 하셨어요.**

★☆★

오늘 꼭 기억해야 할 메시지를 함께 읽어 봅시다.

다윗은 아들 압살롬 대신 죽지 못했지만, 예수님은 구주를 믿는 모든 사람을 대신해 죽으셨습니다.

우리 함께 기도해요.

예수님께 반역한 저를 위해 대신 돌아가신 예수님, 그 큰 은혜에 감사드립니다.

# □ 수요일

**사무엘하 22:1-4** '반석이신 하나님'께 노래하는 다윗

오늘 본문 말씀을 읽고 답해 보세요.

다윗은 하나님을 어떤 분이라고 표현하나요? 2절에서 찾아보세요.

**나의 반석, 나의 요새, 나를 위하여 나를 건지시는 자.**

한 걸음 더 들어가 볼까요?

하나님이 어떻게 나의 방패가 되어 주셨나요? 3절을 읽고 하나님이 자신을 보호해 주셨던 일을 생각하고, 돌아가며 이야기해 보세요.

★☆★

오늘 꼭 기억해야 할 메시지를 함께 읽어 봅시다.

우리는 날마다 하나님의 보호하심이 필요합니다.

우리 함께 기도해요.

이번 주에도 ＿＿＿＿＿＿＿할 때, ＿＿＿＿＿＿＿할 때 하나님이 우리를 보호해 주셨어요. 하나님, 정말 감사해요.

# 목요일

사무엘하 22:31-36 '방패이신 하나님'께 노래하는 다윗

오늘 본문 말씀을 읽고 답해 보세요.

다윗은 하나님의 말씀이 어떻다고 노래했나요? 31절에서 찾아보세요.

**여호와의 말씀은 진실하다.**

한 걸음 더 들어가 볼까요?

하나님의 말씀이 진실하다는 사실이 우리 생활에서 어떤 모습으로 나타났나요? 하나님의 말씀이 나와 우리 가족에게 어떻게 이루어졌는지 돌아가며 이야기해 보세요.

★☆★

오늘 꼭 기억해야 할 메시지를 함께 읽어 봅시다.

아주 오래전부터 지금까지, 하나님의 말씀이 사실이라는 것을 수많은 곳에서 수많은 사람이 증명하고 있습니다.

우리 함께 기도해요.

믿을 수 있는 확실한 말씀을 주셔서 감사해요. 하나님의 말씀대로 이루어 주세요.

**사무엘하 22:47-51** '구원이신 하나님'께 노래하는 다윗

오늘 본문 말씀을 읽고 답해 보세요.

다윗이 무엇을 하겠다고 했나요? 50절에서 찾아보세요.

**모든 민족 중에서 주께 감사하며 주의 이름을 찬양하리이다.**

한 걸음 더 들어가 볼까요?

우리는 어디서, 누구에게 하나님이 선하시다고 이야기할 수 있을까요?

**유치원, 학교, 동네, 교회, 친구들, 직장, 선교지, 선생님, 친척, 이웃 등등.**

+ 구체적인 사람 이름도 돌아가며 이야기해 보세요.

★☆★

오늘 꼭 기억해야 할 메시지를 함께 읽어 봅시다.

하나님은 우리에게 하나님을 모르는 사람들에게 하나님을 알리는 하나님의 증인이 되라고 하셨습니다.

우리 함께 기도해요.

어디에 가든지 하나님을 만난 사람으로서 하나님이 어떤 분이신지 전할 수 있는 용기를 주세요.

# ▯ 토요일

**사무엘하 23:1-5**  하나님의 약속을 믿은 다윗

오늘 본문 말씀을 읽고 답해 보세요.

다윗의 소망은 무엇인가요? 5절에서 찾아보세요.

**하나님이 다윗과 세우신 영원한 언약.**

한 걸음 더 들어가 볼까요?

다윗은 그 언약이 어떤 일을 한다고 표현했나요? 5절에서 찾아보세요.

**만사에 구비하고 견고하게 하시며, 나를 구원하시고, 내 모든 소원을 이루 십니다.**

+ 만사에 구비한다는 건 있어야 할 모든 것을 빠짐없이 다 갖춘다는 뜻이에요.

★☆★

오늘 꼭 기억해야 할 메시지를 함께 읽어 봅시다.

우리가 구원받을 수 있는 길은 하나님의 언약뿐입니다. 그 약속은 예수 님을 통해 이루어졌습니다.

+ 누가복음 22장 20절을 같이 읽으세요.

우리 함께 기도해요.

예수님의 피를 통해 이루신 하나님의 영원한 언약을 믿고 소망하게 해 주세요.

## ▢ 주일

**오늘 설교 시간에 들은 성경 본문을 같이 읽어 보겠습니다.**


오늘 교회에서 하나님이 어떤 분이라고 배웠나요?

.........................................................................................................................................

오늘 교회에서 죄가 무엇이라고 배웠나요?

.........................................................................................................................................

오늘 교회에서 예수님이 어떤 분이라고 배웠나요?

.........................................................................................................................................

오늘 교회에서 날마다 어떻게 생각하고 말하고 행동해야 한다고 배웠나요?

.........................................................................................................................................

설교를 듣고 나서 무엇을 가장 크게 깨달았나요?

.........................................................................................................................................

설교를 듣고 나서 뭐라고 하나님께 기도를 드렸나요?

.........................................................................................................................................

# 포로로 끌려가는 백성

## ⊘ 탐험 지도

이번 주 탐험할 열왕기상, 열왕기하, 역대기상, 역대기하, 이 네 권의 지도는 마치 엉망인 것처럼 보일 거예요. 이스라엘 왕들의 삶이 엉망이었기 때문에 그래요. 다윗왕처럼 아들 솔로몬도 통치를 시작하던 처음에는 잘했어요. 하나님을 위해 성전도 지었죠. 하지만 솔로몬도 그만 큰 죄를 지었어요. 그래서 결국 솔로몬왕의 나라는 '이스라엘'과 '유다' 이렇게 둘로 쪼개지고 맙니다. 그런데도 그 뒤를 이은 왕들과 백성들은 계속해서 죄를 지었고, 결국 하나님은 그들을 그 땅에서 끌어내셨어요. 바벨론이라는 나라가 쳐들어와 백성들을 포로로 끌고 갔습니다.

이번 주 우리 집 기도 제목

이번 주에 함께 곰곰이 생각하고 외워 볼 말씀은 **열왕기상 8장 56절**이에요.

# 🗂 월요일

오늘 본문 말씀을 읽고 답해 보세요.

다윗은 무엇을 하고 싶어 했나요? 17절에서 찾아보세요.

**이스라엘의 하나님 여호와의 이름을 위하여 성전을 건축하고 싶었어요.**

한 걸음 더 들어가 볼까요?

하나님은 다윗에게 뭐라고 말씀하셨나요? 18-19절에서 찾아보세요.

**성전을 건축할 마음이 네게 있는 것은 좋지만, 성전 건축은 네 아들이 하게 될 것이다.**

★☆★

오늘 꼭 기억해야 할 메시지를 함께 읽어 봅시다.

'내가 원하는 대로'가 아니라 '하나님의 뜻대로' 순종해야 합니다.

우리 함께 기도해요.

하나님이 주신 역할이 제가 바라는 것과 다르더라도 받아들이게 해 주세요.

## ☐ 화요일

### 열왕기상 11:1-6  우상을 숭배하는 솔로몬

오늘 본문 말씀을 읽고 답해 보세요.

솔로몬은 다윗과 비교했을 때 어땠나요? 6절에서 찾아보세요.

**다윗이 여호와를 온전히 따름같이 따르지 않았어요.**

한 걸음 더 들어가 볼까요?

솔로몬이 저질렀고 우리도 그러지 않기 위해 조심해야 할 죄는 무엇일
까요? 1-5절을 읽고 생각해 보세요.

**하나님을 믿지 않는 사람과 결혼해 그 배우자의 우상을 함께 숭배하는 죄.**

★☆★

오늘 꼭 기억해야 할 메시지를 함께 읽어 봅시다.

하나님은 자기 백성에게 하나님을 믿지 않는 사람과 결혼하지 말라고
하십니다.

+ 고린도전서 7장 39절, 고린도후서 6장 14절을 같이 읽으세요.

우리 함께 기도해요.

우리가 하나님을 온전히 따르는 경건한 사람이 되게 해 주세요. 또한 그
런 남편을(아내를) 만날 수 있게 해 주세요.

# □ 수요일

**열왕기상 11:7-13**  솔로몬을 벌하시는 하나님

오늘 본문 말씀을 읽고 답해 보세요.

하나님이 솔로몬의 죄를 어떻게 벌하셨나요? 11절에서 찾아보세요.

**이 나라를 솔로몬에게서 빼앗아 솔로몬의 신하에게 주겠다고 하셨어요.**


한 걸음 더 들어가 볼까요?

하나님을 솔로몬에게서 나라 전체를 빼앗지 않으시고 일부만 빼앗으셨어요. 왜 그러셨을까요? 13절을 읽고 생각해 보세요.

**하나님이 다윗에게 하신 언약이 있었기 때문이에요.**


★☆★

오늘 꼭 기억해야 할 메시지를 함께 읽어 봅시다.

하나님은 우리를 벌하실 때 예수님을 생각하셔서 우리 죄보다 가볍게 벌하십니다.


우리 함께 기도해요.

우리 죄를 벌하실 때조차 예수님 안에서 자비를 베풀어 주셔서 감사해요.

# □ 목요일

역대하 36:11-16 유다의 마지막 왕

오늘 본문 말씀을 읽고 답해 보세요.

이스라엘이 하나님의 성전을 어떻게 했나요? 14절에서 찾아보세요.

**더럽혔어요.**

한 걸음 더 들어가 볼까요?

왜 하나님은 우리에게 하나님의 사신들을 보내서서 우리 행동이 죄라고 경고하실까요? 15절을 읽고 생각해 보세요.

**우리를 아끼시고 불쌍히 여기시기 때문이에요.**

★☆★

오늘 꼭 기억해야 할 메시지를 함께 읽어 봅시다.

하나님은 우리가 돌아와 회개하기를 원하셔서, 사람이나 책이나 설교를 통해 우리 죄를 경고해 주십니다.

우리 함께 기도해요.

하나님이 나를 불쌍히 여기시고 죄를 경고해 주실 때 겸손한 마음으로 받아들이게 해 주세요.

### 역대하 36:16-21 벌을 받은 유다 백성

오늘 본문 말씀을 읽고 답해 보세요.

왜 하나님이 결국 자기 백성을 바벨론에 포로로 끌려가게 하셨나요? 16절에서 찾아보세요.

**그들이 하나님이 보내신 사신들을 비웃고 하나님의 말씀을 멸시하며 하나님의 선지자를 욕했기 때문이에요.**

한 걸음 더 들어가 볼까요?

목사님이나 부모님을 통해 하나님이 잘못을 깨우쳐 주실 때 우리는 어떻게 반응하나요? 돌아가며 이야기해 보세요.

**예를 들면, 겸손히 회개하거나, 비웃고 반항하거나 등등.**

★☆★

오늘 꼭 기억해야 할 메시지를 함께 읽어 봅시다.

하나님이 잘못을 경고하고 돌이키라고 하실 때 망설이지 말고 곧바로 회개해야 합니다.

우리 함께 기도해요.

_____ 했을 때 하나님이 하신 경고를 비웃고 거부했어요. 용서해 주세요. 하나님이 잘못을 깨우쳐 주실 때 겸손히 듣고 회개하게 해 주세요.

# ▯ 토요일

## 역대하 36:22-23  유다의 희망


오늘 본문 말씀을 읽고 답해 보세요.

고레스왕이 이스라엘 백성을 놓아준 것은 누구 때문인가요? 22절에서 찾아보세요.

**여호와께서 고레스왕의 마음을 감동시키셨기 때문에.**


한 걸음 더 들어가 볼까요?

하나님의 백성이 바벨론에서 포로 생활을 한 지 70년이 지난 뒤 무슨 일이 일어났나요? 23절에서 찾아보세요.

**하나님의 백성들이 예루살렘으로 돌아가 성전을 건축하도록 고레스왕이 그들을 놓아주었어요.**


★☆★

오늘 꼭 기억해야 할 메시지를 함께 읽어 봅시다.

모든 것을 잃은 것 같을 때도 하나님은 우리에게 밝은 미래에 대한 소망을 주십니다.


우리 함께 기도해요.

하나님이 가장 어두운 때에 희망을 주시고, 어둠에 빛을 비춰 주시며, 악에서 선을 이끌어 내실 수 있음을 믿게 해 주세요.

## ◻ 주일

**오늘 설교 시간에 들은 성경 본문을 같이 읽어 보겠습니다.**

오늘 교회에서 하나님이 어떤 분이라고 배웠나요?

..........................................................................................................................................

오늘 교회에서 죄가 무엇이라고 배웠나요?

..........................................................................................................................................

오늘 교회에서 예수님이 어떤 분이라고 배웠나요?

..........................................................................................................................................

오늘 교회에서 날마다 어떻게 생각하고 말하고 행동해야 한다고 배웠나요?

..........................................................................................................................................

설교를 듣고 나서 무엇을 가장 크게 깨달았나요?

..........................................................................................................................................

설교를 듣고 나서 뭐라고 하나님께 기도를 드렸나요?

..........................................................................................................................................

# 다시 세워 가는 나라

## ⊘ 탐험 지도

이제 에스라서를 탐험할 시간이에요. 하나님은 바벨론의 왕이었던 고레스의 마음을 움직이셨어요. 고레스왕은 자기 나라에 포로로 잡혀 왔던 하나님의 백성을 놓아주기로 했어요. 그들이 자유롭게 예루살렘으로 돌아가 다 무너졌던 성과 성전을 다시 세울 수 있도록 허락한 거예요. 에스라와 백성은 힘을 모아 성전을 지었어요. 그런데 그 뒤로 이 백성은 또다시 죄를 저지릅니다.

### 이번 주 우리 집 기도 제목

이번 주에 함께 곰곰이 생각하고 외워 볼 말씀은 에스라 7장 27절이에요.

# 월요일

**에스라 1:1-4** 하나님의 백성을 놓아준 고레스왕

오늘 본문 말씀을 읽고 답해 보세요.

누가 고레스왕에게 권력을 주었나요? 2절에서 찾아보세요.

**하늘의 하나님 여호와.**

한 걸음 더 들어가 볼까요?

고레스가 하나님의 백성에게 뭐라고 말했나요? 3절에서 찾아보세요.

**다 유다 예루살렘으로 올라가서 이스라엘의 하나님 여호와의 성전을 건축하라.**

★☆★

오늘 꼭 기억해야 할 메시지를 함께 읽어 봅시다.

하나님은 어떤 사람의 마음도 움직이실 수 있습니다.

우리 함께 기도해요.

리더 자리에 있는 모든 분들이 하나님 나라를 위한 결정을 내리게 이끌어 주세요.

# 화요일

**에스라 3:8-13** 고향으로 돌아와 성전을 짓는 하나님의 백성

오늘 본문 말씀을 읽고 답해 보세요.

성전 건축을 시작하면서 제사장들이 뭐라고 노래했나요? 11절에서 찾아
보세요.

**주는 지극히 선하시므로 그의 인자하심(사랑)이 이스라엘에게 영원하시도다.**

한 걸음 더 들어가 볼까요?

모든 백성이 성전의 기초가 놓인 것을 보고 어떻게 했나요? 11절에서 찾
아보세요.

**여호와를 찬송하며 큰 소리로 즐거이 불렀어요.**

★☆★

오늘 꼭 기억해야 할 메시지를 함께 읽어 봅시다.

오늘도 우리에게 은혜를 베풀어 주시는 하나님을 크게 찬양하겠습니다.
뜨겁게 찬양하겠습니다.

우리 함께 기도해요.

선하시고 자비로우신 우리 하나님, 감사합니다!

# □ 수요일

오늘 본문 말씀을 읽고 답해 보세요.

하나님의 백성이 하나님을 믿지 않는 그 땅의 사람들과 결혼하기 시작
했다는 소식을 듣고 에스라는 어떻게 했나요? 3절에서 찾아보세요.

**속옷과 겉옷을 찢고, 머리털과 수염을 뜯으며, 기가 막혀 앉았어요.**

한 걸음 더 들어가 볼까요?

에스라의 행동을 보면 하나님을 믿지 않는 사람과 결혼하는 것은 어떤
죄인가요?

**하나님 보시기에 심각한 죄 중 하나예요.**

★☆★

오늘 꼭 기억해야 할 메시지를 함께 읽어 봅시다.

우리는 죄를 심각하게 생각하고 무서워해야 합니다. 우리의 죄는 물론
이요, 다른 사람의 죄에 대해서도 깨어 있어야 합니다.

우리 함께 기도해요.

하나님이 기뻐하시지 않는 모든 죄들을 심각하게 생각하고 깨어 있게
해 주세요.

# 목요일

오늘 본문 말씀을 읽고 답해 보세요.

에스라는 하나님 앞에서 어떤 자세로 있었나요? 5절에서 찾아보세요.

**무릎을 꿇고 여호와를 향하여 손을 들었어요.**


한 걸음 더 들어가 볼까요?

우리의 죄와 허물이 얼마나 많고 크다고 했나요? 6절에서 찾아보세요.

**정수리에 넘치고, 하늘에 미칠 정도로 많고 크다.**


★☆★

오늘 꼭 기억해야 할 메시지를 함께 읽어 봅시다.

우리의 죄는 우리가 생각하는 것보다 훨씬 큽니다. 그러므로 우리는 하나님 앞에 늘 겸손해야 합니다.


우리 함께 기도해요.

저의 죄가 얼마나 크고 무거운지 진심으로 깨닫게 해 주세요.

# ⬜ 금요일

오늘 본문 말씀을 읽고 답해 보세요.

하나님은 죄를 저지른 백성에게 어떻게 벌을 내리셨을까요? 13절에서 찾아보세요.

**그들이 저지른 죄악보다 가벼운 벌을 내리셨어요.**

한 걸음 더 들어가 볼까요?

사람들은 죄를 지은 만큼 벌을 받고 살까요?

**아니요, 모든 사람이 받아야 할 벌보다 적게 받아요.**

★☆★

오늘 꼭 기억해야 할 메시지를 함께 읽어 봅시다.

예수님만이 받아야 할 벌을 다 받으신 분입니다. 예수님은 죄가 하나도 없는 분이셨지만, 저의 죄 때문에 제가 받아야 할 벌을 대신 다 받아 주신 것입니다.

우리 함께 기도해요.

제가 받아야 할 무서운 벌을 예수님이 대신 다 받아 주셨어요. 감사하고 감사합니다.

# ☐ 토요일

에스라 10:1-4 죄를 회개하는 하나님의 백성

오늘 본문 말씀을 읽고 답해 보세요.

백성이 하나님의 명령에 어떻게 반응했나요? 3절을 읽고 생각해 보세요.

**하나님 말씀을 어기고 결혼한 아내를 내보내기로 하나님과 약속하고, 율법
대로 하기로 했어요.**


한 걸음 더 들어가 볼까요?

우리는 오늘 어떤 죄를 버리겠다고 하나님께 약속드릴까요? 어떤 죄를
버릴 것인지 돌아가며 이야기해 보세요.


★☆★

오늘 꼭 기억해야 할 메시지를 함께 읽어 봅시다.

우리가 죄를 솔직히 털어놓고 죄를 버리면 하나님은 자비를 베푸십니다.

+ 잠언 28장 13절을 같이 읽으세요.


우리 함께 기도해요.

하나님이 기뻐하시지 않는 _____ 죄를 버리겠습니다.

## ◻ 주일

**오늘 설교 시간에 들은 성경 본문을 같이 읽어 보겠습니다.**

오늘 교회에서 하나님이 어떤 분이라고 배웠나요?

......................................................................................................................

오늘 교회에서 죄가 무엇이라고 배웠나요?

......................................................................................................................

오늘 교회에서 예수님이 어떤 분이라고 배웠나요?

......................................................................................................................

오늘 교회에서 날마다 어떻게 생각하고 말하고 행동해야 한다고 배웠나요?

......................................................................................................................

설교를 듣고 나서 무엇을 가장 크게 깨달았나요?

......................................................................................................................

설교를 듣고 나서 뭐라고 하나님께 기도를 드렸나요?

......................................................................................................................

## 탐험 16.
# 마귀의 공격

### ⊘ 탐험 지도

우리가 처음 창세기 탐험을 시작하고 나서 어느덧 3천 년이라는 시간이 지났어요. 그동안 같이 탐험을 하면서 우리는 하나님이 죄인들을 얼마나 사랑하시는지 지켜봤어요. 아담이 비록 죄를 지었지만 하나님은 모든 죄를 멸망시키고 하나님의 백성을 구원할 왕을 주겠다고 약속하셨어요. 이스라엘이 하나님 말씀을 안 듣고 계속 잘못을 저질러도 하나님은 이 약속을 깨지 않으셨어요. 이번 주 탐험에서는 잠깐 뒤로 돌아가 보겠습니다. 하나님이 우리에게 주겠다고 말씀하신 그 왕의 구원을 사람들이 어떻게 바라고 기다렸는지 살펴보려고 해요. 먼저 욥부터 봅시다. 마귀가 욥을 공격해서 집과 가족과 재산과 건강을 다 빼앗았어요. 그때 욥은 하나님에 대한 소망을 포기했을까요?

> **이번 주 우리 집 기도 제목**

이번 주에 함께 곰곰이 생각하고 외워 볼 말씀은 **욥기 19장 25절**이에요.

# □ 월요일

오늘 본문 말씀을 읽고 답해 보세요.

욥의 인격이 어떻다고 이야기하나요? 1절에서 찾아보세요.

**온전하고, 정직하여, 하나님을 경외하며, 악에서 떠났다.**

한 걸음 더 들어가 볼까요?

5절에 보면, 욥은 자녀들이 죄를 범해 마음으로 하나님을 욕되게 했을까 봐 자녀를 위해 제사를 드렸어요. 그러면 우리는 죄를 지었을지도 모르는 가족을 위해 어떤 일을 할 수 있을까요?

**기도할 수 있어요.**

★☆★

오늘 꼭 기억해야 할 메시지를 함께 읽어 봅시다.

사랑하는 가족이 하나님께 죄짓지 않도록 우리는 서로를 위해 기도해야 합니다.

우리 함께 기도해요.

사랑하는 우리 가족이 하나님께 죄를 짓지 않도록 보호해 주세요.

# 화요일

**욥기 1:6-12**  사탄의 공격 목표가 된 사람

오늘 본문 말씀을 읽고 답해 보세요.

사탄은 하나님이 욥에게 나쁜 일이 일어나게 허락하시면 욥이 어떻게 할 거라고 말했나요? 11절에서 찾아보세요.

**틀림없이 주를 향하여 욕할 겁니다.**

한 걸음 더 들어가 볼까요?

누가 마귀를 다스리나요? 7, 12절을 읽고 생각해 보세요.

**하나님이 허락하지 않으시면 마귀도 아무것도 할 수 없어요. 마귀도 하나님이 다스리십니다.**

★☆★

오늘 꼭 기억해야 할 메시지를 함께 읽어 봅시다.

하나님의 허락 없이는 마귀가 하나님의 백성에게 아무것도 하지 못합니다.

우리 함께 기도해요.

하나님이 싫어하시는 악에서 우리를 날마다 구해 주세요.

# ◻ 수요일

## 욥기 1:13-19  고통당하는 사람

오늘 본문 말씀을 읽고 답해 보세요.

큰 바람이 불어와 집이 무너지고 말았어요. 누가 무너진 집에 깔려 죽었나요? 18-19절에서 찾아보세요.

**욥의 자녀들.**

한 걸음 더 들어가 볼까요?

이토록 무서운 비극을 일으킨 것은 누구일까요?

**마귀.**

★☆★

오늘 꼭 기억해야 할 메시지를 함께 읽어 봅시다.

모든 악한 일은 원수 마귀가 하나님을 대적하기 때문에 생겨납니다.

우리 함께 기도해요.

죄와 마귀에 맞서 싸울 힘과 믿음을 주세요.

# ◻ 목요일

### 욥기 1:20-22  예배하는 사람

오늘 본문 말씀을 읽고 답해 보세요.

욥은 이렇게 슬프고 힘든 고난이 왔을 때 어떻게 했나요? 20절에서 찾아
보세요.

**겉옷을 찢고 머리털을 밀고 땅에 엎드려 예배했어요.**

한 걸음 더 들어가 볼까요?

지금 우리가 가진 모든 것들을 누가 주관하시나요? 21절에서 찾아보세요.

+ 주관한다는 건 어떤 일을 책임지고 맡아서 관리한다는 뜻이에요.

**주신 이도 여호와시요 거두신 이도 여호와십니다. 여호와 하나님이 다 주관
하십니다.**

★☆★

오늘 꼭 기억해야 할 메시지를 함께 읽어 봅시다.

욥은 힘든 문제가 생겼을 때 죄를 저지르지 않고, 하나님을 예배하고 하
나님께 순종했습니다.

우리 함께 기도해요.

어려운 일이 닥칠 때 저도 욥처럼 하나님을 예배하고 하나님께 순종하
게 해 주세요.

# □ 금요일

욥기 19:23-27 소망이 가득한 사람

오늘 본문 말씀을 읽고 답해 보세요.

욥은 무엇을 알았나요? 25절에서 찾아보세요.

**나의 대속자가 살아 계시니 마침내 그가 땅 위에 서실 것이다.**

한 걸음 더 들어가 볼까요?

욥의 소망과 그리스도인의 소망이 어떻게 비슷한가요? 26절을 읽고 생각해 보세요.

**이 땅에서 죽어도 우리는 하나님 안에서 다시 살아서 하나님을 만나는 사람들이에요.**

★☆★

오늘 꼭 기억해야 할 메시지를 함께 읽어 봅시다.

하나님은 우리를 죽음에서 구원하시고, 하나님과 함께 영원히 살게 해 주십니다.

우리 함께 기도해요.

우리가 죽음을 두려워하지 않게 해 주세요. 하나님 안에서 부활해서 영원히 산다는 것을 확실하게 믿게 해 주세요.

♦ 욥기 4-37장에서 욥의 친구들은 욥에게 와서 나쁜 조언을 많이 했어요. 욥은 거기에 화가 나서 나쁘게 반응하기도 했지만, 38-41장에서 하나님이 완벽한 조언을 해 주시자 겸손해졌어요.

# ⛶ 토요일

**욥기 42:10-16** 회복된 사람

오늘 본문 말씀을 읽고 답해 보세요.

욥의 고난이 끝나자 하나님이 무엇을 주셨나요? 10절에서 찾아보세요.

**이전 모든 소유보다 갑절이나 주셨어요.**

> ＋ 예전에 가지고 있던 것의 두 배를 주셨다는 뜻이에요.

한 걸음 더 들어가 볼까요?

내가 힘든 일을 겪을 때 나를 나쁘게 대한 사람들에게 어떻게 해야 할까요? 10절을 읽고 욥이 어떤 모습을 보여 주었는지 생각해 보세요.

**욥은 자기를 나쁘게 대한 사람들을 위해서 기도했어요.**

★☆★

오늘 꼭 기억해야 할 메시지를 함께 읽어 봅시다.

욥이 경험한 작은 부활은, 모든 하나님의 백성이 경험할 큰 부활을 미리 조금 보여 주는 것입니다.

> ＋ 요한복음 11장 25절, 고린도전서 15장 20-22절을 같이 읽으세요.

우리 함께 기도해요.

어떤 힘든 일이 닥쳐도 하나님 안에서 영원히 산다는 부활의 소망을 지킬 수 있게 해 주세요.

## ☐ 주일

**오늘 설교 시간에 들은 성경 본문을 같이 읽어 보겠습니다.**

오늘 설교 시간에 들은 성경 본문을 같이 읽어 보겠습니다.

..................................................................................................................

오늘 교회에서 하나님이 어떤 분이라고 배웠나요?

..................................................................................................................

오늘 교회에서 죄가 무엇이라고 배웠나요?

..................................................................................................................

오늘 교회에서 예수님이 어떤 분이라고 배웠나요?

..................................................................................................................

오늘 교회에서 날마다 어떻게 생각하고 말하고 행동해야 한다고 배웠나요?

..................................................................................................................

설교를 듣고 나서 무엇을 가장 크게 깨달았나요?

..................................................................................................................

설교를 듣고 나서 뭐라고 하나님께 기도를 드렸나요?

..................................................................................................................

## 탐험 17.
# 오실 왕에 대한 노래 1

###  탐험 지도

앞으로 2주 동안 떠날 탐험에서 우리는 하나님이 앞으로 오실 왕을 기다리면서 부르라고 주셨던 노래를 들을 거예요. 이 노래에는 서로 반대되는 내용이 담겨 있습니다. 그 왕은 공격을 당하고, 고난을 당하고, 승리한다는 내용이에요. 이 노래들을 들으면서 과연 누가 공격을 당하는 왕, 고난을 당하는 왕, 승리하는 왕인지 생각해 보세요.

**이번 주 우리 집 기도 제목**

이번 주에 함께 곰곰이 생각하고 외워 볼 말씀은 **시편 2편 12절**이에요.

### 시편 2:1-6 왕이 공격을 당하다

오늘 본문 말씀을 읽고 답해 보세요.

하나님이 선택해서 기름부으신 왕을 누가 대적하고 있나요? 2절에서 찾아보세요.

> + 대적한다는 건 맞서서 공격한다는 뜻이에요.

**세상의 군왕들과 관원들, 즉 세상에서 권력을 가진 지도자들.**

한 걸음 더 들어가 볼까요?

하나님께 대적하는 사람들을 하나님이 비웃으신다는 게 무슨 뜻일까요? 4절을 읽고 생각해 보세요.

**하나님은 그들에게 위협을 느끼거나 어찌할지 걱정하지 않으신다는 말이에요.**

★☆★

오늘 꼭 기억해야 할 메시지를 함께 읽어 봅시다.

세상에서 많은 힘을 가진 사람들이 하나님께 맞서도 하나님은 아무 걱정 없이 늘 완전하게 세상을 다스리십니다.

우리 함께 기도해요.

많은 사람들이 하나님 나라를 무너뜨리려고 할 때에도 하나님의 다스리심을 믿게 해 주세요.

# ◻ 화요일

**시편 2:7-12** 왕이 승리하다

오늘 본문 말씀을 읽고 답해 보세요.

왕이 원수들을 어떻게 하시나요? 9절에서 찾아보세요.

**깨뜨리고 부숴요.**

한 걸음 더 들어가 볼까요?

12절에 나오는 "그의 아들에게 입맞추라"는 말은 무슨 뜻일까요?

**하나님의 아들이신 예수 그리스도를 사랑하라는 뜻이에요.**

★☆★

오늘 꼭 기억해야 할 메시지를 함께 읽어 봅시다.

우리는 예수 그리스도를 사랑하든지 대적하든지 둘 중 하나입니다.

우리 함께 기도해요.

예수님을 더 사랑하게 해 주세요.

# □ 수요일
## 시편 22:1-5  왕이 하나님께 버림받다

오늘 본문 말씀을 읽고 답해 보세요.

고난당하시는 왕이 하나님께 처음 한 질문이 있어요. 무엇인가요? 1절에서 찾아보세요.

**내 하나님이여, 어찌 나를 버리셨나이까?**

한 걸음 더 들어가 볼까요?

우리는 고난당할 때 무엇을 해야 할까요?

**예전에 하나님이 자기 백성을 어떻게 돌보셨는지를 기억해야 합니다.**

★☆★

오늘 꼭 기억해야 할 메시지를 함께 읽어 봅시다.

예수님은 십자가에서 고난당하실 때 이 시편을 기억하셨습니다. 예수님은 하나님을 믿으셨습니다.

+ 마태복음 27장 46절을 같이 읽으세요.

우리 함께 기도해요.

성경에 나오는 많은 믿음의 사람들과 함께하셨던 하나님을 기억합니다. 저도 외롭고 힘들 때마다 하나님과 함께 잘 이겨 낼 수 있도록 용기를 주세요.

# ◻ 목요일

**시편 22:6-13** 왕이 백성에게 조롱당하다

오늘 본문 말씀을 읽고 답해 보세요.

고난당하시는 왕을 보고 사람들은 어떻게 했나요? 7절에서 찾아보세요.

**비웃었어요.**


한 걸음 더 들어가 볼까요?

이 시편에서는 누가 고난당할 거라고 예언하나요? 8절과 마태복음 27장 43절을 읽고 생각해 보세요.

**하나님의 아들, 예수 그리스도.**


★☆★

오늘 꼭 기억해야 할 메시지를 함께 읽어 봅시다.

예수님도 하나님을 믿는 믿음 때문에 사람들에게 웃음거리가 되셨습니다. 믿음 때문에 놀림당해도 놀라지 않겠습니다.


우리 함께 기도해요.

믿음 때문에 놀림을 당할 때 견딜 수 있는 용기를 주세요.

# 금요일

**시편 22:14-21**  왕이 적들에게 공격당하다

오늘 본문 말씀을 읽고 답해 보세요.

사람들이 왕의 옷을 어떻게 했나요? 18절에서 찾아보세요.

**겉옷을 나누며 속옷을 제비 뽑았어요.**

한 걸음 더 들어가 볼까요?

사람들이 예수님의 옷을 어떻게 했나요? 마태복음 27장 35절에서 찾아

보세요.

**제비 뽑아 나누었어요.**

★☆★

오늘 꼭 기억해야 할 메시지를 함께 읽어 봅시다.

하나님은, 예수님이 태어나시기 1,000년 전에 기록한 이 시편에서 이미

예수님이 받을 고난을 자세히 예언하셨습니다.

+ 예언이란 앞으로 일어날 일을 미리 알려 주는 거예요.

우리 함께 기도해요.

정확하신 하나님의 말씀을 더 굳게 믿게 해 주세요.

# 🔲 토요일

**시편 22:27-31** 왕이 승리하다

오늘 본문 말씀을 읽고 답해 보세요.

왕이 고난당한 결과 무슨 일이 벌어질까요? 27절에서 찾아보세요.

**땅의 모든 끝이 여호와를 기억하고 돌아오며, 모든 나라의 모든 족속이 주 의 앞에 예배할 거예요.**

+ 많은 사람이 왕이신 하나님께로 돌아와 찬양하고 예배할 것입니다.


한 걸음 더 들어가 볼까요?

예수님이 고난당하신 결과 무슨 일이 일어났나요? 사도행전 2장 41절을 읽고 생각해 보세요.

**수많은 사람들이 하나님을 믿게 되었어요.**


★☆★

오늘 꼭 기억해야 할 메시지를 함께 읽어 봅시다.

하나님은 예수님이 당하신 고난을 통해 많은 사람을 하나님께로 이끄십 니다.


우리 함께 기도해요.

우리가 예수님이 우리를 살리시려고 십자가에 못 박히셨다는 이야기를 전하게 해 주세요. 그 이야기를 듣고 많은 사람들이 하나님께 돌아오게 해 주세요.

# 🗓 주일

**오늘 설교 시간에 들은 성경 본문을 같이 읽어 보겠습니다.**

오늘 교회에서 하나님이 어떤 분이라고 배웠나요?

.......................................................................................................................................

오늘 교회에서 죄가 무엇이라고 배웠나요?

.......................................................................................................................................

오늘 교회에서 예수님이 어떤 분이라고 배웠나요?

.......................................................................................................................................

오늘 교회에서 날마다 어떻게 생각하고 말하고 행동해야 한다고 배웠나요?

.......................................................................................................................................

설교를 듣고 나서 무엇을 가장 크게 깨달았나요?

.......................................................................................................................................

설교를 듣고 나서 뭐라고 하나님께 기도를 드렸나요?

.......................................................................................................................................

## 탐험 18.
# 오실 왕에 대한 노래 2

### ⊘ 탐험 지도

지난주 탐험을 통해 고난당하는 왕이 누구신지 알아봤어요. 이번 주에는 그분의 영광스럽고 영원한 나라를 찬양하는 아름다운 노래 두 가지를 더 들으면서 신나게 탐험해 봅시다.

┌─────────────────────────┐
│ **이번 주 우리 집 기도 제목** │
│                         │
│                         │
│                         │
│                         │
└─────────────────────────┘

이번 주에 함께 곰곰이 생각하고 외워 볼 말씀은 **시편 72편 17절**이에요.

# □ 월요일

**시편 72:1-4** 정의로운 왕

오늘 본문 말씀을 읽고 답해 보세요.

왕이 백성들을 어떻게 재판하나요? 2절에서 찾아보세요.

**공의와 정의로.**


한 걸음 더 들어가 볼까요?

이 왕은 특히 누구를 보살피나요? 4절에서 찾아보세요.

**가난한 백성, 억울한 사람, 궁핍한 자.**

+ 궁핍하다는 건 몹시 가난하다는 뜻이에요.


★☆★

오늘 꼭 기억해야 할 메시지를 함께 읽어 봅시다.

예수님만이 완전히 의롭게 우리를 다스리십니다. 예수님은 가난한 사람들을 특별히 보살피시는 왕이십니다.


우리 함께 기도해요.

우리의 보살펴 주시는 좋으신 우리 왕 예수님, 언제나 우리를 다스려 주세요.

# 화요일

**시편 72:5-7** 영원히 다스리는 왕

오늘 본문 말씀을 읽고 답해 보세요.

이 왕의 나라는 얼마나 오래가나요? 5절에서 찾아보세요.

**해가 있을 동안, 달이 있을 동안 대대로.**

한 걸음 더 들어가 볼까요?

이렇게 보면 정치를 보는 관점이 어떻게 달라질까요?

**정치 지도자들은 계속해서 바뀌지만 예수님의 나라는 영원해요.**

★☆★

오늘 꼭 기억해야 할 메시지를 함께 읽어 봅시다.

이 땅의 모든 나라는 강해졌다가도 언젠가 약해지지만, 예수님의 나라는 영원합니다.

우리 함께 기도해요.

영원히 지지 않을 예수님의 나라를 주셔서 감사합니다.

# ❑ 수요일

오늘 본문 말씀을 읽고 답해 보세요.

이 왕의 나라는 어디까지인가요? 8절에서 찾아보세요.

**바다에서부터 바다까지와 강에서부터 땅끝까지.**

+ 모든 땅과 모든 바다.

한 걸음 더 들어가 볼까요?

내 삶을 예수님이 얼마나 다스리고 계시나요? 예수님이 끼어들지 않으셨으면 하는 삶의 영역을 구체적으로 돌아가며 이야기해 보세요.

**예를 들어, 친구 사이, 오늘 급식 식단, 생일 선물.**

★☆★

오늘 꼭 기억해야 할 메시지를 함께 읽어 봅시다.

예수님의 나라는 매일 조금씩 더 넓어지고 있으며, 결국 예수님이 모든 세상을 다스리실 것입니다.

우리 함께 기도해요.

제 삶이, 온 세상이 예수님이 다스리시는 예수님의 나라가 되게 해 주세요.

# ▢ 목요일

오늘 본문 말씀을 읽고 답해 보세요.

이 왕은 가난한 사람들을 위해 무엇을 하나요? 12-13절을 읽고 생각해 보세요.

**건지고, 불쌍히 여기고, 생명을 구원해요.**


한 걸음 더 들어가 볼까요?

어떻게 하면 이 왕을 우리의 구원자로 모실 수 있나요?

**우리가 가난하다는 사실을 인정해야 해요.**

+ 하나님이 없는 모든 사람은 다 가난해요. 돈이나 장난감이나 친구가 아무리 많아도, 넓은 집에 살아도 우리 영혼의 가난함을 채울 수 없어요. 하나님만이 채워 주실 수 있어요.


★☆★

오늘 꼭 기억해야 할 메시지를 함께 읽어 봅시다.

예수님은 가난한 사람을 구원하십니다.


우리 함께 기도해요.

우리도 구원해 주세요. 우리가 하나님 없이 살지 않게 해 주세요.

# □ 금요일

오늘 본문 말씀을 읽고 답해 보세요.

모든 민족이 이 왕을 어떻다고 말할까요? 17절에서 찾아보세요.

**복되다.**


한 걸음 더 들어가 볼까요?

우리는 무엇을 기도해야 할까요? 19절에서 찾아보세요.

**온 땅에 예수님의 영광이 충만하도록 기도해야 해요.**


★☆★

오늘 꼭 기억해야 할 메시지를 함께 읽어 봅시다.

**예수님의 복된 이름은 다른 모든 이름보다 높습니다.**

　+ 빌립보서 2장 10절을 같이 읽으세요.


우리 함께 기도해요.

예수님이 세상 모든 것의 주인이십니다.

# ◻ 토요일

**시편 150편** 찬양받는 왕

오늘 본문 말씀을 읽고 답해 보세요.

누가 여호와를 찬양해야 할까요? 6절에서 찾아보세요.

**호흡이 있는 자.**

+ 숨을 쉬는 사람은 다 찬양해야 한다는 뜻이에요.

한 걸음 더 들어가 볼까요?

시편 150편에는 하나님을 찬양하라는 말이 몇 번 나올까요? 세어 보세요. "할렐루야"라는 말도 하나님을 찬양하라는 말이에요.

**열세 번.**

+《성경전서 개역개정판》기준.

★☆★

오늘 꼭 기억해야 할 메시지를 함께 읽어 봅시다.

세상 모든 것이 항상 하나님을 찬양합니다.

우리 함께 기도해요.

무엇을 보든지 늘 하나님을 찬양하게 해 주세요.

## ◻ 주일

**오늘 설교 시간에 들은 성경 본문을 같이 읽어 보겠습니다.**

오늘 교회에서 하나님이 어떤 분이라고 배웠나요?

.........................................................................................................................

오늘 교회에서 죄가 무엇이라고 배웠나요?

.........................................................................................................................

오늘 교회에서 예수님이 어떤 분이라고 배웠나요?

.........................................................................................................................

오늘 교회에서 날마다 어떻게 생각하고 말하고 행동해야 한다고 배웠나요?

.........................................................................................................................

설교를 듣고 나서 무엇을 가장 크게 깨달았나요?

.........................................................................................................................

설교를 듣고 나서 뭐라고 하나님께 기도를 드렸나요?

.........................................................................................................................

**탐험 19.**

# 갈림길

##  탐험 지도

탐험을 하다 보면 갈림길이 나오곤 해요. 오른쪽과 왼쪽으로 갈라진 길 앞에서 우리는 어느 길로 가야 할까요? 이번 주에 탐험할 잠언에서 솔로몬왕은 '지혜로운 길'과 '어리석은 길'을 설명하면서 지혜로운 길을 선택하고 어리석은 길에서 벗어나라고 알려 줍니다. 솔로몬왕의 이야기를 한번 들어 볼까요?

**이번 주 우리 집 기도 제목**

이번 주에 함께 곰곰이 생각하고 외워 볼 말씀은 **잠언 1장 7절**이에요.

# ☐ 월요일

### 잠언 1:1-7  지혜가 가르치다

오늘 본문 말씀을 읽고 답해 보세요.

솔로몬은 왜 잠언을 썼나요? 4절에서 찾아보세요.

**어리석은 자를 슬기롭게 하며, 젊은 자에게 지식과 근신함을 주기 위해.**


한 걸음 더 들어가 볼까요?

지식(지혜)의 근본은 무엇인가요? 7절에서 찾아보세요.

**여호와를 경외하는 것.**


★☆★

오늘 꼭 기억해야 할 메시지를 함께 읽어 봅시다.

여호와를 경외하는 것은, 다른 누구보다 여호와를 공경하고 모든 일에 여호와를 기쁘시게 하는 것입니다.


우리 함께 기도해요.

하나님을 경외하여 진짜 지혜의 길로 들어서게 해 주세요.

# ◻ 화요일

**잠언 1:8-14** 지혜가 호소하다

오늘 본문 말씀을 읽고 답해 보세요.

누구의 훈계를 들어야 할까요? 8절에서 찾아보세요.

**아버지의 훈계, 어머니의 법.**

한 걸음 더 들어가 볼까요?

10-11절을 읽고 나서, 주변에서 부모님의 말을 무시하고 듣지 말라고 유혹하는 사람이 있는지 돌아가며 이야기해 보세요.

★☆★

오늘 꼭 기억해야 할 메시지를 함께 읽어 봅시다.

세상에는 하나님을 배신하고, 하나님이 주신 부모님의 말을 무시하라는 유혹이 너무나 많습니다.

우리 함께 기도해요.

세상 모든 유혹에서 지켜 주세요. 유혹하는 소리에 귀 기울이지 않게 하시고, 유혹에서 벗어나게 해 주세요.

# □ 수요일

오늘 본문 말씀을 읽고 답해 보세요.

악인들이 다니는 길에 같이 다니는 일이 왜 위험한가요? 16절에서 찾아
보세요.

**그들의 발은 악으로 달려가며, 피를 흘리는 데 빠르기 때문에.**

한 걸음 더 들어가 볼까요?

17절에서처럼 하나님이 이미 우리에게 경고하신 위험한 덫에는 무엇이
있을까요? 돌아가며 이야기해 보세요.

**못된 행동을 일삼고 같이하자고 말하는 친구, 나쁜 습관 등등.**

★☆★

오늘 꼭 기억해야 할 메시지를 함께 읽어 봅시다.

하나님은 우리가 당할 위험이 무엇인지 미리 아시고 어떻게 해야 그 덫
을 피할 수 있는지 여러 차례 알려 주십니다.

우리 함께 기도해요.

우리를 아끼는 마음으로 앞서 경고해 주시니 감사해요. 또 우리가 보지
못하는 위험을 미리 경고해 주는 부모님을 주셔서 감사해요.

# □ 목요일

### 잠언 1:20-23  지혜가 부른다

오늘 본문 말씀을 읽고 답해 보세요.

예수 그리스도는 누구신가요? 고린도전서 1장 24절에서 찾아보세요.

**하나님의 능력, 하나님의 지혜.**

한 걸음 더 들어가 볼까요?

우리가 책망을 듣고 돌이키면(회개하면) 지혜가 어떻게 하나요? 23절을 읽고 생각해 보세요.

**그의 영을 우리에게 부어 주고 우리를 가르쳐 주십니다.**

★☆★

오늘 꼭 기억해야 할 메시지를 함께 읽어 봅시다.

예수님은 '하나님의 지혜'이십니다. 예수님을 바라보고 예수님께 배우겠습니다.

우리 함께 기도해요.

저는 아는 것이 없어요. 예수님 안에 있는 하나님의 지혜로 저를 구원해 주세요.

# ☐ 금요일

오늘 본문 말씀을 읽고 답해 보세요.

어떤 사람들은 하나님의 지혜가 부를 때 어떻게 반응하나요? 24-25절을 읽고 생각해 보세요.

**듣기 싫어하고, 돌아보지도 않고, 무시해요.**

한 걸음 더 들어가 볼까요?

만일 우리가 듣지 않으면 지혜가 어떻게 하나요? 26절을 읽고 생각해 보세요.

**우리가 크고 어려운 문제에 빠졌을 때 지혜가 우리를 돕지 않을 거예요.**

★☆★

오늘 꼭 기억해야 할 메시지를 함께 읽어 봅시다.

예수님이 우리를 부르시고 지혜를 주겠다고 하셨습니다. 하지만 우리가 거절하면 예수님도 결국 우리를 거절하실 수밖에 없습니다.

우리 함께 기도해요.

우리가 좋을 때든 힘들 때든 예수님을 밀어내지 않게 해 주세요.

# ⬚ 토요일

**잠언 1:28-33**  지혜가 안전을 주다

오늘 본문 말씀을 읽고 답해 보세요.

우리가 하나님의 지혜를 거절하는 것은 결국 무엇과 같은가요? 32절에서 찾아보세요.

**자신을 죽이고 자기를 멸망시키는 것 같아요.**

한 걸음 더 들어가 볼까요?

하나님의 지혜의 말을 잘 들으면 어떻게 될까요? 33절에서 찾아보세요.

**평안히 살고, 재앙의 두려움이 없이 안전해요.**

★☆★

오늘 꼭 기억해야 할 메시지를 함께 읽어 봅시다.

삶은 날마다 하나님의 지혜를 따를 것인지 거절할 것인지 선택하는 것입니다.

+ 마태복음 7장 13-14, 24-29절을 같이 읽으세요.

우리 함께 기도해요.

예수님이 하나님의 지혜이십니다. 언제나 길이요, 진리요, 생명이신 예수님을 선택하게 해 주세요.

□ 주일

**오늘 설교 시간에 들은 성경 본문을 같이 읽어 보겠습니다.**


오늘 교회에서 하나님이 어떤 분이라고 배웠나요?

..........................................................................................................


오늘 교회에서 죄가 무엇이라고 배웠나요?

..........................................................................................................


오늘 교회에서 예수님이 어떤 분이라고 배웠나요?

..........................................................................................................


오늘 교회에서 날마다 어떻게 생각하고 말하고 행동해야 한다고 배웠나요?

..........................................................................................................


설교를 듣고 나서 무엇을 가장 크게 깨달았나요?

..........................................................................................................


설교를 듣고 나서 뭐라고 하나님께 기도를 드렸나요?

..........................................................................................................

## 탐험 20.
# 선택

###  탐험 지도

솔로몬은 우리에게 '지혜로운 길'과 '어리석은 길' 중에서 잘 선택해야 한다고 말해요. 지난주 잠언을 탐험하면서 우리는 이 두 가지 길을 자세히 살펴봤어요. 이번 주 탐험에서도 어떤 길이 지혜롭고, 어떤 길이 어리석은지 계속해서 살펴봅시다.

**이번 주 우리 집 기도 제목**

이번 주에 함께 곰곰이 생각하고 외워 볼 말씀은 잠언 14장 27절이에요.

170

# 월요일

오늘 본문 말씀을 읽고 답해 보세요.

신실한 증인과 거짓 증인의 차이는 무엇인가요? 5절을 읽어 보세요.

**신실한 증인은 거짓말을 안 하고, 거짓 증인은 거짓말을 해요.**

한 걸음 더 들어가 볼까요?

누가 가장 충성된 증인인가요? 요한계시록 1장 5절에서 찾아보세요.

**예수 그리스도.**

★☆★

오늘 꼭 기억해야 할 메시지를 함께 읽어 봅시다.

예수님은 모든 것에 대해 진실만을 말하는 믿을 수 있는 증인이십니다.

우리 함께 기도해요.

진실이 무엇인지 알려 주세요. 제가 진실을 말하는 사람이 되게 해 주세요.

# □ 화요일

**잠언 14:6-11** 어리석은 비웃음

오늘 본문 말씀을 읽고 답해 보세요.

미련한 자는 죄를 어떻게 생각하나요? 9절에서 찾아보세요.

**심상히 여겨요.**

+ 심상히 여긴다는 말은 별일 아니라고 가볍게 생각한다는 거예요.

한 걸음 더 들어가 볼까요?

당신은 어떤 죄를 별일 아닌 것처럼 가볍게 생각하려는 유혹을 받나요?

돌아가면서 이야기해 보세요.

**예를 들면, 친구를 무시하고 깔보는 마음을 담은 농담, 못된 언어 습관, 드라마나 영화에서 악을 저지르는 장면 등등.**

★☆★

오늘 꼭 기억해야 할 메시지를 함께 읽어 봅시다.

죄를 가볍게 여기는 것은 매우 어리석고 위험합니다.

우리 함께 기도해요.

죄를 농담거리로 여기지 않고 심각하게 여기게 해 주세요.

## □ 수요일

### 잠언 14:12-16  어리석은 자만심

오늘 본문 말씀을 읽고 답해 보세요.

지혜로운 사람은 어떻게 하나요? 16절에서 찾아보세요.

**두려워하여 악을 떠나요.**

한 걸음 더 들어가 볼까요?

어리석은 사람은 어떻게 하나요? 16절에서 찾아보세요.

**방자하여 스스로를 믿어요.**

+ 이 말은 자신만만하고 조심할 줄 모른다는 뜻이에요.

★☆★

오늘 꼭 기억해야 할 메시지를 함께 읽어 봅시다.

자만심은 우리를 어리석고 위험하게 하지만, 하나님을 확신하면 우리는 지혜로워지고 안전합니다.

우리 함께 기도해요.

제가 다 알아서 할 수 있다는 자만심을 버리게 해 주세요. 하나님만 믿고 죄를 떠나게 해 주세요.

# 목요일

오늘 본문 말씀을 읽고 답해 보세요.

어떤 사람이 복이 있나요? 21절에서 찾아보세요.

**빈곤한 사람을 불쌍히 여기는 사람.**

+ 빈곤하다는 건 가난하다는 말이에요.

한 걸음 더 들어가 볼까요?

가난한 사람에게 어떤 모양으로 자비를 베풀 수 있나요?

**가난한 사람의 몸과 영혼을 다 돌봐 주어야 해요. 몸을 위해서는 먹을 음식을 주고, 영혼을 위해서는 하나님의 말씀을 전해야 해요.**

★☆★

오늘 꼭 기억해야 할 메시지를 함께 읽어 봅시다.

하나님은 우리에게 자비를 베푸시고 우리 몸과 영혼을 골고루 먹이실 때 행복하십니다. 그리고 우리도 다른 사람에게 그렇게 하라고 말씀하십니다.

우리 함께 기도해요.

우리에게 넘치게 자비를 베풀어 주셔서 감사해요. 우리도 다른 사람들에게 자비를 베풀게 해 주세요.

# ▢ 금요일

### 잠언 14:22-29  지혜로운 두려움

오늘 본문 말씀을 읽고 답해 보세요.

여호와를 경외하는 것을 무엇이라고 하나요? 27절에서 찾아보세요.

+ 경외는 공경하면서 두려워하는 거예요.

**생명의 샘.**


한 걸음 더 들어가 볼까요?

29절을 같이 읽고 나서, 내가 지혜로운지 어리석은지 돌아가며 이야기
해 보세요.


★☆★

오늘 꼭 기억해야 할 메시지를 함께 읽어 봅시다.

지혜로운 사람은 쉽게 화를 내지 않습니다. 지혜로운 사람은 오래 참습
니다.


우리 함께 기도해요.

화를 내지 않아도 될 일이었는데 화를 냈어요. 용서해 주세요. 오래 참
으시는 하나님을 닮게 해 주세요.

**잠언 14:30-35** 지혜로운 나라

오늘 본문 말씀을 읽고 답해 보세요.

무엇이 영화로운 좋은 나라를 만들까요? 34절에서 찾아보세요.

**공의.**

+ 성경에서는 하나님의 말씀에 순종하는 것을 공의라고 해요.

한 걸음 더 들어가 볼까요?

어떻게 하면 우리 사회가 건강해질 수 있을까요? 30절을 읽고 생각해 보세요.

**남을 시기하는 마음을 버리고, 평온한 마음을 가져야 해요.**

★☆★

오늘 꼭 기억해야 할 메시지를 함께 읽어 봅시다.

하나님 말씀에 순종하면 우리 마음이 건강해지고, 우리 사회가 건강해집니다.

우리 함께 기도해요.

저와 우리 가족이 하나님 말씀에 순종하고, 우리나라가 하나님께 순종하게 해 주세요.

# ☐ 주일

**오늘 설교 시간에 들은 성경 본문을 같이 읽어 보겠습니다.**

오늘 교회에서 하나님이 어떤 분이라고 배웠나요?

..............................................................................................................

오늘 교회에서 죄가 무엇이라고 배웠나요?

..............................................................................................................

오늘 교회에서 예수님이 어떤 분이라고 배웠나요?

..............................................................................................................

오늘 교회에서 날마다 어떻게 생각하고 말하고 행동해야 한다고 배웠나요?

..............................................................................................................

설교를 듣고 나서 무엇을 가장 크게 깨달았나요?

..............................................................................................................

설교를 듣고 나서 뭐라고 하나님께 기도를 드렸나요?

..............................................................................................................

## 탐험 21.
# 위험한 곁길

### 🧭 탐험 지도

솔로몬은 잠언 말고도 전도서와 아가도 썼어요. 전도서는 지혜로웠던 솔로몬이 그만 악하고 어리석은 길을 선택했다가 불행에 빠졌던 때를 들려주는 이야기예요. 솔로몬왕은 자신처럼 어리석은 길로 가지 말라고 우리에게 경고해 주고 싶었던 거예요.

**이번 주 우리 집 기도 제목**

이번 주에 함께 곰곰이 생각하고 외워 볼 말씀은 **전도서 12장 1절**이에요.

# ▢ 월요일

## 전도서 1:12-18  하나님을 빼놓고 일할 때

오늘 본문 말씀을 읽고 답해 보세요.

솔로몬은 자신을 뭐라고 소개했나요? 12절에서 찾아보세요.

**전도자. 이스라엘 왕.**

한 걸음 더 들어가 볼까요?

솔로몬은 세상에서 하는 모든 일을 보고 무엇을 깨달았나요? 14절에서
찾아보세요.

**모두 다 헛되다. 바람을 잡으려는 것과 같다.**

+ 솔로몬은 허무한 마음을 느꼈어요.

★☆★

오늘 꼭 기억해야 할 메시지를 함께 읽어 봅시다.

일에서 행복을 찾으려고 하면 허무함만 남을 뿐입니다.

우리 함께 기도해요.

맡은 일을 잘해서 칭찬만 받으면 행복해질 거라고 생각했어요. 제 생각
을 바로잡아 주세요.

# ◻ 화요일

### 전도서 2:1-6  하나님을 빼놓고 즐거움을 추구할 때

오늘 본문 말씀을 읽고 답해 보세요.

솔로몬은 무엇으로 행복해지려고 했나요? 1절을 읽고 생각해 보세요.

**세상의 즐거움.**


한 걸음 더 들어가 볼까요?

세상의 즐거움으로 행복해지려고 하면 어떻게 되나요? 1절을 읽고 생각해 보세요.

**공허함을 느끼게 돼요.**


★☆★

오늘 꼭 기억해야 할 메시지를 함께 읽어 봅시다.

세상의 즐거움은 잠깐의 만족밖에 주지 못합니다.


우리 함께 기도해요.

잘못된 즐거움으로 행복해지려고 했어요. 이제는 하나님 안에서 행복하게 해 주세요.

# □ 수요일

**전도서 2:7-11** 하나님을 빼놓고 더 많이 가지려 애쓸 때

오늘 본문 말씀을 읽고 답해 보세요.

솔로몬은 행복하고 싶어 무엇을 해 보았나요? 7절을 읽고 생각해 보세요.

**많은 소유를 가졌어요.**

한 걸음 더 들어가 볼까요?

결과는 어땠나요? 11절에서 찾아보세요.

**그가 한 모든 일과 수고가 다 헛되어 바람을 잡는 것이며, 무익했어요.**

★☆★

오늘 꼭 기억해야 할 메시지를 함께 읽어 봅시다.

아무리 많은 것을 가져도 우리는 만족하지 못합니다.

우리 함께 기도해요.

가지고 싶은 걸 다 갖기만 하면 행복해질 거라고 생각했어요. 저를 불쌍히 여겨 주세요. 이제는 하나님을 제 마음에 모시고서 진짜 행복을 누리게 해 주세요.

# 🗆 목요일

**전도서 2:12-17** 하나님을 빼놓고 무언가를 열심히 배울 때


오늘 본문 말씀을 읽고 답해 보세요.

솔로몬은 무엇으로 행복해지려 했나요? 12-13절에서 찾아보세요.

**지혜**(지식).


한 걸음 더 들어가 볼까요?

결과는 어땠나요? 15절에서 찾아보세요.

**헛되었어요.**


★☆★

오늘 꼭 기억해야 할 메시지를 함께 읽어 봅시다.

아무리 많은 것을 배워도 우리는 만족할 수 없습니다.


우리 함께 기도해요.

다른 그 무엇보다 하나님을 더 많이 알고 싶어요.

### 전도서 2:18-23  하나님을 빼놓고 부를 쌓을 때

오늘 본문 말씀을 읽고 답해 보세요.

솔로몬은 무슨 일로 슬퍼했나요? 18절을 읽고 생각해 보세요.

**수고해서 얻은 모든 것을 죽을 때 다 두고 가야 하기 때문이에요.**

한 걸음 더 들어가 볼까요?

솔로몬은 그가 죽으면 그가 수고해서 얻은 결과가 누구의 몫이 된다고
했나요? 18, 21절을 읽고 생각해 보세요.

**솔로몬의 뒤를 이을 이의 몫. 때로는 수고하지 않은 사람의 몫이 되기도 한
다고 보았어요.**

★☆★

오늘 꼭 기억해야 할 메시지를 함께 읽어 봅시다.

죽을 때 우리는 아무것도 가져가지 못합니다.

우리 함께 기도해요.

아무리 소중하게 아끼던 것이라도 우리가 죽을 때 가져갈 수 없다는 것
을 깨닫게 해 주셔서 감사해요.

# ☐ 토요일

### 전도서 2:24-26, 12:13-14  언제나 하나님과 함께

오늘 본문 말씀을 읽고 답해 보세요.

2장 24절을 보면, 솔로몬은 하나님을 삶의 중심에 모실 때 비로소 즐거움과 가진 것을 제대로 즐길 수 있었어요. 우리는 어떤 식으로 하나님을 삶의 중심에 모실 수 있을까요? 돌아가며 이야기해 봅시다.

한 걸음 더 들어가 볼까요?

솔로몬이 잘못을 저지르고 깨달은 뒤 내린 결론은 무엇인가요? 12장 13절을 읽고 생각해 보세요.

**최고의 삶을 사는 방법은 하나님을 경외하고 하나님의 명령을 지키는 거예요.**

+ 하나님을 경외한다는 것은 하나님을 믿는다는 구약의 표현이기도 해요.

★☆★

오늘 꼭 기억해야 할 메시지를 함께 읽어 봅시다.

하나님을 우리 삶에서 첫째 자리, 한가운데 자리에 모실 때 우리는 가장 행복합니다.

우리 함께 기도해요.

하나님을 믿고 순종해 진짜 행복을 누리게 해 주세요.

# ❏ 주일

**오늘 설교 시간에 들은 성경 본문을 같이 읽어 보겠습니다.**


오늘 교회에서 하나님이 어떤 분이라고 배웠나요?

.......................................................................................................

오늘 교회에서 죄가 무엇이라고 배웠나요?

.......................................................................................................

오늘 교회에서 예수님이 어떤 분이라고 배웠나요?

.......................................................................................................

오늘 교회에서 날마다 어떻게 생각하고 말하고 행동해야 한다고 배웠나요?

.......................................................................................................

설교를 듣고 나서 무엇을 가장 크게 깨달았나요?

.......................................................................................................

설교를 듣고 나서 뭐라고 하나님께 기도를 드렸나요?

.......................................................................................................

## 탐험 22.
# 사랑 노래

###  탐험 지도

하나님이 솔로몬의 노래, 노래 중의 노래라고 부르는 아가를 우리에게 주셨어요. 아가는 최고의 사랑을 노래하는 최고의 노래예요. 아가서에서 노래하는 사랑은 부부 간의 사랑이지만, 그 둘의 사랑은 하나님과 이스라엘 백성의 사랑(이사야 54장 5절, 예레미야 3장 14절), 예수님과 교회(에베소서 5장 23, 25절)의 사랑을 보여 주는 거예요. 이번 아가서 탐험에서는 신랑이신 예수님과 신부인 예수님의 백성, 바로 우리의 사랑을 생각해 보려고 합니다.

**이번 주 우리 집 기도 제목**

이번 주에 함께 곰곰이 생각하고 외워 볼 말씀은 **아가 1장 4절**이에요.

# □ 월요일

오늘 본문 말씀을 읽고 답해 보세요.

신부는 신랑이 어떻게 해 주기를 원하나요? 2절에서 찾아보세요.

**입맞춰 주기를 원해요.**

+ 사랑을 표현해 주기를 바란다는 뜻이에요.

한 걸음 더 들어가 볼까요?

2절은 신랑의 사랑이 포도주보다 낫다고 말해요. 왜 그럴까요?

**여기서 신랑은 하나님을 비유해요. 신부인 우리를 향한 그분의 사랑은 포도
주와 비교할 수 없을 정도로 달콤하고 끝이 없어요.**

★☆★

오늘 꼭 기억해야 할 메시지를 함께 읽어 봅시다.

신자가 되면, 그리스도를 통해 하나님의 사랑을 더욱더 경험하고 싶어집
니다.

우리 함께 기도해요.

신랑 되신 하나님, 죄인인 저를 신부로 삼아 주시고 큰 기쁨을 주시니 감
사해요.

# □ 화요일

**아가 2:1-7** 공개적으로 인정하는 사랑

오늘 본문 말씀을 읽고 답해 보세요.

신부가 잔칫집에 들어갈 때 신부의 위에 무슨 깃발이 휘날리나요? 4절에서 찾아보세요.

**사랑의 깃발.**

한 걸음 더 들어가 볼까요?

하나님이 자신의 백성을 사랑하신다는 것을 어떻게 드러내시나요?

**많은 선물을 주시고, 인도하시고, 무엇보다도 예수님의 십자가를 통해 온 세상에 외치셨어요.**

★☆★

오늘 꼭 기억해야 할 메시지를 함께 읽어 봅시다.

하나님은 자기 백성을 부끄러워하지 않으시고 많은 방법을 통해 사랑한다고 세상에 발표하십니다.

우리 함께 기도해요.

죄인인 저를 사랑해 주시고, 십자가에서 그 사랑을 세상에 발표해 주셔서 감사해요.

# ◻ 수요일

오늘 본문 말씀을 읽고 답해 보세요.

신랑이 신부에게 뭐라고 하나요? 10, 13절에서 찾아보세요.

**나의 사랑, 내 어여쁜 자야, 일어나서 함께 가자.**


한 걸음 더 들어가 볼까요?

하나님은 어떤 방법으로 우리에게 일어나서 함께 가자고 하시나요?

**복음을 전하셔서 우리를 하나님께로 부르세요.**


★☆★

오늘 꼭 기억해야 할 메시지를 함께 읽어 봅시다.

하나님이 부르시면 망설이지 말고 달려가야 합니다.


우리 함께 기도해요.

하나님이 부르실 때 벌떡 일어나서 초대를 받아들이게 해 주세요.

# ◻ 목요일

**아가 2:14-17** 쌍방향 사랑

오늘 본문 말씀을 읽고 답해 보세요.

신부가 신랑에 대해 뭐라고 말하나요? 16절에서 찾아보세요.

**내 사랑하는 자는 내게 속하셨고, 나는 그에게 속하였다.**

한 걸음 더 들어가 볼까요?

나도 하나님에 대해 그렇게 말할 수 있나요? 나는 정말 하나님의 것인가
요? 하나님이 정말 나의 하나님이신가요? 돌아가며 이야기해 보세요.

★☆★

오늘 꼭 기억해야 할 메시지를 함께 읽어 봅시다.

하나님이 나를 사랑하신다고 확신하면 하나님께 사랑을 표현하게 됩
니다.

우리 함께 기도해요.

하나님의 사랑을 확신하고 하나님께 제 사랑을 표현하게 해 주세요.

# □ 금요일

## 아가 3:1-5  상대를 간절히 원하는 사랑

오늘 본문 말씀을 읽고 답해 보세요.

방에 신랑이 없자 신부는 어떻게 했나요? 1-3절에서 찾아보세요.

**일어나서 신랑을 찾아다녔어요. 사람들에게도 물어보았어요.**


한 걸음 더 들어가 볼까요?

신부는 신랑을 발견하고 어떻게 했나요? 4절에서 찾아보세요.

**꼭 붙잡았어요.**


★☆★

오늘 꼭 기억해야 할 메시지를 함께 읽어 봅시다.

하나님을 사랑하면 항상 가까이 있고 싶어집니다.


우리 함께 기도해요.

늘 제 가까이 계셔 주셔서 감사해요. 우리에게 하나님을 간절히 원하는 마음을 주세요.

# ◻ 토요일

아가 3:6-11  즐거운 사랑

오늘 본문 말씀을 읽고 답해 보세요.

결혼식 날에 신랑의 마음은 어떨까요? 11절에서 찾아보세요.

**기뻐요.**

한 걸음 더 들어가 볼까요?

하나님께서 주시는 사랑은 어떤 점에서 우리를 행복하게 할까요?

**세상에서 가장 큰 사랑이에요. 예수님이 죄인인 우리를 살리시려 대신 죽으셨어요.**

★☆★

오늘 꼭 기억해야 할 메시지를 함께 읽어 봅시다.

사랑하는 사람과의 결혼은 하나님이 주시는 행복한 축복이지만, 하나님과의 결혼은 세상 그 어떤 결혼보다 더 큰 행복을 줍니다.

우리 함께 기도해요.

우리 가족 모두가 신랑이신 예수님과 결혼하는 최고의 행복을 누리게 해 주세요.

## ◻ 주일

**오늘 설교 시간에 들은 성경 본문을 같이 읽어 보겠습니다.**


오늘 교회에서 하나님이 어떤 분이라고 배웠나요?

....................................................................................................

오늘 교회에서 죄가 무엇이라고 배웠나요?

....................................................................................................

오늘 교회에서 예수님이 어떤 분이라고 배웠나요?

....................................................................................................

오늘 교회에서 날마다 어떻게 생각하고 말하고 행동해야 한다고 배웠나요?

....................................................................................................

설교를 듣고 나서 무엇을 가장 크게 깨달았나요?

....................................................................................................

설교를 듣고 나서 뭐라고 하나님께 기도를 드렸나요?

....................................................................................................

## 탐험 23.
# 간절한 기다림

###  탐험 지도

구약 탐험도 이제 거의 끝나가요. 한 특별한 왕이 나타나 백성을 죄에서 구해 주고 원수를 무찌를 것이라고 약속하셨지만 아직 왕이 오지 않았어요. 하지만 소망을 버려서는 안 돼요. 선지자들도 소망을 버리지 않았어요. 하나님은 하나님의 백성이 더 이상 죄를 짓지 않고 위대한 왕과 그분이 다스리는 나라를 기대하며 기다리기를 바라셨습니다. 그래서 선지자들을 세우시고 백성에게 보내셨어요. 이번 주에는 선지자들의 책인 선지서들을 탐험하면서 하나님이 주신 놀라운 약속을 함께 찾아봅시다.

---

**이번 주 우리 집 기도 제목**

이번 주에 함께 곰곰이 생각하고 외워 볼 말씀은 **이사야 9장 6절**이에요.

# ☐ 월요일

오늘 본문 말씀을 읽고 답해 보세요.

14절에 나오는 "임마누엘"이라는 이름의 뜻은 무엇일까요? 마태복음 1장 23절에서 찾아보세요.

**하나님이 우리와 함께 계시다.**

한 걸음 더 들어가 볼까요?

예수님이 이 예언을 어떻게 이루셨나요?

**사람의 몸으로 태어나 이 세상에서 우리와 함께 사셨어요.**

★☆★

오늘 꼭 기억해야 할 메시지를 함께 읽어 봅시다.

하나님은 우리와 함께 있고 싶어 하십니다. 예수님을 보면 알 수 있습니다.

우리 함께 기도해요.

우리와 함께 있고 싶어 사람의 몸으로 이 땅에 오신 예수님, 찬양해요!

# 화요일

**이사야 9:2-7** 온 세상의 왕

오늘 본문 말씀을 읽고 답해 보세요.

이 특별한 아기의 이름은 무엇인가요? 6절에서 찾아보세요.

**기묘자, 모사, 전능하신 하나님, 영존하시는 아버지, 평강의 왕.**

+ 기묘자는 놀라우신 분이라는 뜻이고, 모사는 상담해 주고 조언해 주시는 분이라는 뜻이
에요. 영존하신다는 것은 영원히 사신다는 뜻이에요.


한 걸음 더 들어가 볼까요?

이 특별한 아기의 이름 중에 어떤 이름이 가장 좋은가요? 왜 좋은지 돌
아가며 이야기해 보세요.


★☆★

오늘 꼭 기억해야 할 메시지를 함께 읽어 봅시다.

이 땅에 오신 예수님은 그 이름 그대로 사셨습니다.


우리 함께 기도해요.

예수님의 아름다운 이름과 그 성품과 행하신 모든 일들을 찬양합니다.

196

# ▢ 수요일

오늘 본문 말씀을 읽고 답해 보세요.

이 특별한 왕에게 무엇이 강림하나요? 2절에서 찾아보세요.

+ 강림이란 내려와 함께하는 거예요.

**여호와의 영.**

한 걸음 더 들어가 볼까요?

2절에서 여호와의 영을 뭐라고 설명하고 있나요?

**지혜와 총명의 영, 모략과 재능의 영, 지식과 여호와를 경외하는 영.**

★☆★

오늘 꼭 기억해야 할 메시지를 함께 읽어 봅시다.

예수님은 성령으로 충만하셔서 큰일을 행하셨습니다.

우리 함께 기도해요.

저도 성령으로 충만하여 지혜로워지게 해 주세요.

# □ 목요일

오늘 본문 말씀을 읽고 답해 보세요.

이 땅에 오실 왕께서 "상한 갈대"를 어떻게 하실까요? 3절에서 찾아보세요.

+ 상한 갈대는 상처 입은 사람을 뜻해요.

**꺾지 않으세요.**

한 걸음 더 들어가 볼까요?

이 왕은 세상의 다른 왕들과 어떤 점이 다른가요? 3절을 읽고 생각해 보세요.

**힘이 없고 가난하고 상처 입은 사람을 무시하지 않고 친절하게 도와주세요.**

★☆★

오늘 꼭 기억해야 할 메시지를 함께 읽어 봅시다.

**예수님은 가장 약한 사람 편에 서신 친절한 왕이십니다.**

+ 마태복음 12장 20절을 같이 읽으세요.

우리 함께 기도해요.

왕이신 예수님, 귀찮아 하지 않으시고 언제나 친절하고 온유하게 우리를 대해 주셔서 감사해요.

# ◻ 금요일

오늘 본문 말씀을 읽고 답해 보세요.

사람들이 이 특별한 왕을 어떻게 하나요? 3절에서 찾아보세요.

**멸시하고 버렸어요.**


한 걸음 더 들어가 볼까요?

이 왕이 왜 고통당하고 상하고 맞았나요?

**우리가 저지른 죄악 때문에.**


★☆★

오늘 꼭 기억해야 할 메시지를 함께 읽어 봅시다.

예수님은 죄인들의 죄를 대신 지고 죽으셨습니다.


우리 함께 기도해요.

우리 죄를 대신 짊어지시고 십자가에서 죽으신 예수님, 감사해요.

# ⼞ 토요일

## 이사야 53:7-12  승리하는 왕

오늘 본문 말씀을 읽고 답해 보세요.

예수님의 죽음을 어떤 제물이라고 말했나요? 10절에서 찾아보세요.

**속건제물.**

+ 속건제물은 하나님의 것을 마음대로 사용한 죄를 용서받기 위해 드리는 제물이에요.

한 걸음 더 들어가 볼까요?

10-12절은 왕의 승리에 관한 이야기를 해요. 예수님이 승리하셨다는 가장 큰 증거는 무엇일까요?

**죽음에서 부활하셨어요.**

+ 마태복음 28장 5-7절을 같이 읽으세요.

★☆★

오늘 꼭 기억해야 할 메시지를 함께 읽어 봅시다.

예수님은 가장 무거운 형벌을 받고 죽음을 당하셨습니다. 하지만 부활하셨고, 지금은 승리하신 왕으로서 세상을 다스리십니다.

우리 함께 기도해요.

승리하신 예수님을 찬양해요! 예수님이 우리 죄를 대신 지셨으므로 예수님의 죽음이 우리의 생명이 되었어요.

# ⊓ 주일

**오늘 설교 시간에 들은 성경 본문을 같이 읽어 보겠습니다.**

오늘 교회에서 하나님이 어떤 분이라고 배웠나요?

.....................................................................................................................

오늘 교회에서 죄가 무엇이라고 배웠나요?

.....................................................................................................................

오늘 교회에서 예수님이 어떤 분이라고 배웠나요?

.....................................................................................................................

오늘 교회에서 날마다 어떻게 생각하고 말하고 행동해야 한다고 배웠나요?

.....................................................................................................................

설교를 듣고 나서 무엇을 가장 크게 깨달았나요?

.....................................................................................................................

설교를 듣고 나서 뭐라고 하나님께 기도를 드렸나요?

.....................................................................................................................

## 탐험 24.

# 점점 커지는 기대

###  탐험 지도

이사야 탐험에 이어 이번 주 탐험에서는 예레미야, 요나, 스가랴의 이야기도 들어 봅시다. 하나님이 약속하신 왕에 대한 기대감이 점점 커지면서 오랫동안 기다려 온 이 왕이 누구인지 어서 만나 보고 싶죠? 그 왕은 누구이며 언제 오실까요?

**이번 주 우리 집 기도 제목**

이번 주에 함께 곰곰이 생각하고 외워 볼 말씀은 **이사야 61장 1절**이에요.

# □ 월요일

이사야 60:1-5 빛을 비추시는 왕

오늘 본문 말씀을 읽고 답해 보세요.

온 나라들이 이 왕을 보고 어떻게 할까요? 3절에 찾아보세요.

**이 왕에게 나아올 거예요.**

한 걸음 더 들어가 볼까요?

우리가 그리스도의 빛으로 나오면 어떻게 되나요? 요한복음 3장 21절을 읽고 생각해 보세요.

**우리가 그동안 한 일들이 다 드러나요.**

★☆★

오늘 꼭 기억해야 할 메시지를 함께 읽어 봅시다.

그리스도의 빛에 마음이 끌려 죄인들이 나아올 때, 그 빛 앞에서 죄가 모두 드러납니다.

우리 함께 기도해요.

저를 그리스도의 빛을 향해 이끌어 주시고 제가 저지른 죄를 밝히 보여 주세요.

# ◻ 화요일

이사야 61:1-6 포로를 풀어 주시는 왕

오늘 본문 말씀을 읽고 답해 보세요.

이 왕은 무엇을 선포하나요? 1절에서 찾아보세요.

**포로 된 자에게 자유를, 갇힌 자에게 놓임을 선포해요.**

한 걸음 더 들어가 볼까요?

예수님은 무엇으로 우리를 자유롭게 하시나요? 요한복음 8장 32, 36절에서 찾아보세요.

**진리로.**

★☆★

오늘 꼭 기억해야 할 메시지를 함께 읽어 봅시다.

예수님이 죄에 포로가 된 사람을 진리로 풀어 주십니다.

우리 함께 기도해요.

우리를 가두고 있는 죄의 감옥 문을 열어 주세요. 예수님의 진리로 우리를 자유롭게 해 주세요.

# ◻ 수요일

오늘 본문 말씀을 읽고 답해 보세요.

하나님이 무엇을 용서하시고 다시는 기억하지 않으신다고 하셨나요? 34절에서 찾아보세요.

**나의 악행과 죄.**

한 걸음 더 들어가 볼까요?

용서받은 일이 많을수록 우리는 어떻게 될까요? 누가복음 7장 47절을 읽고 생각해 보세요.

**예수님을 더 많이 사랑하게 돼요.**

★☆★

오늘 꼭 기억해야 할 메시지를 함께 읽어 봅시다.

예수님이 우리 죄를 대신 짊어지고 죽으셔서, 하나님이 나의 죄를 용서하고 잊으실 수 있게 되었습니다.

우리 함께 기도해요.

날마다 우리에게 큰 사랑을 부어 주셔서 감사해요. 그 사랑으로 예수님을 더욱 사랑하게 해 주세요.

**요나 3:1-4** 죄인들에게 경고하시는 왕

오늘 본문 말씀을 읽고 답해 보세요.

요나는 무엇을 경고했나요? 4절에서 찾아보세요.

**40일이 지나면 니느웨가 무너지리라.**

한 걸음 더 들어가 볼까요?

어떤 사건이나 부모님이나 설교 말씀을 통해 하나님께 경고를 받은 적이 있나요? 그럴 때 어떻게 했나요? 돌아가면서 이야기해 보세요.

★☆★

오늘 꼭 기억해야 할 메시지를 함께 읽어 봅시다.

하나님은 우리를 사랑하시기 때문에 메신저를 보내서 심판이 점점 가까워지고 있다고 알려 주십니다.

우리 함께 기도해요.

하나님이 경고를 들려주실 때 무시하지 않고 그 말씀을 따르게 해 주세요.

# ☐ 금요일

**요나 3:5-10** 회개하는 마음을 주시는 왕

오늘 본문 말씀을 읽고 답해 보세요.

니느웨가 회개하자 하나님이 어떻게 하셨나요? 10절에서 찾아보세요.

**말씀하신 재앙을 니느웨에 내리지 않으셨어요.**

한 걸음 더 들어가 볼까요?

나는 오늘 무슨 죄에서 돌이켜야 할까요? 돌아가며 이야기해 보세요.

★☆★

오늘 꼭 기억해야 할 메시지를 함께 읽어 봅시다.

회개란 죄를 멈추고 용서를 구하며 하나님께 가는 거예요. 회개하는 사람은 하나님이 살려 주십니다.

우리 함께 기도해요.

저의 죄를 회개합니다. 살려 주세요.

# ◻ 토요일

스가랴 12:9-13:1 하나님이 죄를 씻어 주시다

오늘 본문 말씀을 읽고 답해 보세요.

하나님이 우리 죄를 위해 무엇을 열어 주시나요? 13장 1절에서 찾아보세요.

**죄와 더러움을 씻는 샘.**

한 걸음 더 들어가 볼까요?

우리 죄를 씻는 하나님의 샘은 누구인가요? 요한일서 1장 9절을 읽고 생각해 보세요.

**예수님이 우리를 모든 죄에서 깨끗하게 씻어 주세요.**

★☆★

오늘 꼭 기억해야 할 메시지를 함께 읽어 봅시다.

예수 그리스도는 우리의 죄를 깨끗이 씻어 주는 하나님의 샘입니다. 예수님은 영원히 마르지 않는 샘입니다.

우리 함께 기도해요.

예수 그리스도로 저의 더러운 죄를 씻어 주세요.

**오늘 설교 시간에 들은 성경 본문을 같이 읽어 보겠습니다.**

오늘 교회에서 하나님이 어떤 분이라고 배웠나요?

......................................................................................................................

오늘 교회에서 죄가 무엇이라고 배웠나요?

......................................................................................................................

오늘 교회에서 예수님이 어떤 분이라고 배웠나요?

......................................................................................................................

오늘 교회에서 날마다 어떻게 생각하고 말하고 행동해야 한다고 배웠나요?

......................................................................................................................

설교를 듣고 나서 무엇을 가장 크게 깨달았나요?

......................................................................................................................

설교를 듣고 나서 뭐라고 하나님께 기도를 드렸나요?

......................................................................................................................

## 탐험 25.
# 뜻밖의 장소

### 🧭 탐험 지도

지금까지 우리는 멀고먼 구약의 여정을 지나왔어요. 성경 역사가 광활하게 펼쳐진 울창한 숲도 살펴보았어요. 앞으로 오실 왕에 대한 희망차고 아름다운 미래도 내다보았죠? 자, 이제 드디어 그 왕을 만날 때가 되었습니다! 하나님이 마태, 마가, 누가, 요한 네 권의 복음서에 그 왕의 삶을 담아 주셨어요. 네 권의 복음서는 마치 예수님의 삶을 다른 각도에서 보는 네 개의 카메라와 같아요. 앞으로 몇 주에 걸쳐 이 네 개의 카메라로 예수님의 삶의 중요한 순간들을 탐험해 보려고 해요. 먼저 왕의 탄생과 그분이 태어나신 뜻밖의 장소부터 가 봅시다.

**이번 주 우리 집 기도 제목**

이번 주에 함께 곰곰이 생각하고 외워 볼 말씀은 **마태복음 1장 21절**이에요.

# ⬚ 월요일

## 마태복음 1:1-2, 15-17  아기의 조상

오늘 본문 말씀을 읽고 답해 보세요.

예수님을 누구의 자손이라고 하나요? 1절에서 찾아보세요.

**아브라함과 다윗의 자손.**


한 걸음 더 들어가 볼까요?

하나님이 마태복음 1장에 예수님의 계보를 보여 주신 이유는 무엇일까요?

**예수님이 구약에서 한 모든 예언을 이루시는 분이며, 그분이 우리처럼 인간의 몸으로 태어나셨음을 알려 주시려는 거예요.**


★☆★

오늘 꼭 기억해야 할 메시지를 함께 읽어 봅시다.

구약에서 하신 약속과 예언이 예수님을 통해 신약에서 이루어졌습니다.


우리 함께 기도해요.

예수님을 보내 죄인을 구원하겠다는 약속을 지키신 하나님, 감사해요.

# ☐ 화요일

**마태복음 1:18-21** 아기의 이름 (1)

오늘 본문 말씀을 읽고 답해 보세요.

마리아는 어떻게 아이를 가지게 되었나요? 18, 20절에서 찾아보세요.

**성령으로.**

한 걸음 더 들어가 볼까요?

예수님의 이름이 우리에게 왜 소중할까요? 21절을 읽고 생각해 보세요.

**자기 백성을 죄에서 구원하러 오셨다고 알려 주는 이름이니까요.**

★☆★

오늘 꼭 기억해야 할 메시지를 함께 읽어 봅시다.

예수라는 이름은 '하나님이 구원하신다'는 뜻입니다. 예수님은 모든 죄
인의 구원자이십니다.

우리 함께 기도해요.

예수님의 이름대로 우리를 죄에서 구원해 주세요.

# ▢ 수요일

**마태복음 1:22-25** 아기의 이름 (2)

오늘 본문 말씀을 읽고 답해 보세요.

천사가 마리아와 요셉의 아들에게 붙여 준 이름은 무엇인가요? 23절에서 찾아보세요.

**임마누엘.**

한 걸음 더 들어가 볼까요?

임마누엘이 왜 좋은 이름인가요? 23절을 읽고 생각해 보세요.

**예수님을 통해 하나님이 우리와 함께 계시다고 알려 주시기 때문이에요.**

★☆★

오늘 꼭 기억해야 할 메시지를 함께 읽어 봅시다.

예수님을 보면서, 하나님이 우리와 함께 있고 싶어 하신다는 것을 확실히 알게 되었습니다.

우리 함께 기도해요.

하나님이 저와 함께 있고 싶어 하시는 만큼 저도 하나님과 함께 있고 싶어요.

# ☐ 목요일

**누가복음 2:1-7** 아기가 누워 있던 곳

오늘 본문 말씀을 읽고 답해 보세요.

요셉은 마리아를 데리고 어디로 갔나요? 4절에서 찾아보세요.

**베들레헴이라 하는 다윗의 동네.**

한 걸음 더 들어가 볼까요?

아기 예수님이 처음 누워 계신 곳을 보고 무엇을 알 수 있을까요? 7절을 읽고 생각해 보세요.

**구유는 집에서 기르는 동물의 먹이를 담아 두는 통이에요. 아기 예수님은 태어나자마자 거기 누워 계셨어요. 예수님은 우리를 구원하시려고 이 땅에서도 가장 낮은 곳으로 오셨어요.**

★☆★

오늘 꼭 기억해야 할 메시지를 함께 읽어 봅시다.

예수님은 우리가 있는 낮은 자리로 직접 오셔서 우리를 구원하십니다.

우리 함께 기도해요.

저를 구원하시려고 낮아지신 예수님, 감사해요.

# 금요일

**누가복음 2:8-14** 아기를 위한 찬양대

오늘 본문 말씀을 읽고 답해 보세요.

천사가 목자들을 향해 무슨 말을 했나요? 10절에서 찾아보세요.

**무서워하지 말라. 보라, 내가 온 백성에게 미칠 큰 기쁨의 좋은 소식을 너희에게 전하노라.**

한 걸음 더 들어가 볼까요?

우리는 예수님의 탄생에 대해 뭐라고 노래해야 할까요? 14절에서 배워 보세요.

**지극히 높은 곳에서는 하나님께 영광이요, 땅에서는 하나님이 기뻐하신 사람들 중에 평화로다!**

★☆★

오늘 꼭 기억해야 할 메시지를 함께 읽어 봅시다.

예수님의 탄생은 우리가 이 땅에서 기뻐하고 노래해야 하는 이유입니다.

우리 함께 기도해요.

예수님, 우리를 위해 이 땅에 와 주셔서 정말 감사해요.

## ¤ 토요일

**누가복음 2:15-20** 아기 탄생의 소식

오늘 본문 말씀을 읽고 답해 보세요.

목자들은 아기를 본 후 어떻게 했나요? 17절에서 찾아보세요.

**천사가 아기에 대해 말한 것을 마리아와 요셉에게 전했어요.**

한 걸음 더 들어가 볼까요?

이번 주에 누구에게 예수님 이야기를 들려줄까요? 예수님의 복음을 어떻게 전하면 좋을지 돌아가며 이야기해 보세요.

★☆★

오늘 꼭 기억해야 할 메시지를 함께 읽어 봅시다.

우리는 사람들에게 예수님에 대해 알려 주고, 예수님을 보내 주신 하나님을 찬양해야 합니다.

우리 함께 기도해요.

_____에게 예수님 이야기를 알려 주고 싶어요. _____도 예수님을 만나고 하나님을 찬양하게 해 주세요.

## ▢ 주일

**오늘 설교 시간에 들은 성경 본문을 같이 읽어 보겠습니다.**


오늘 교회에서 하나님이 어떤 분이라고 배웠나요?

......................................................................................................

오늘 교회에서 죄가 무엇이라고 배웠나요?

......................................................................................................

오늘 교회에서 예수님이 어떤 분이라고 배웠나요?

......................................................................................................

오늘 교회에서 날마다 어떻게 생각하고 말하고 행동해야 한다고 배웠나요?

......................................................................................................

설교를 듣고 나서 무엇을 가장 크게 깨달았나요?

......................................................................................................

설교를 듣고 나서 뭐라고 하나님께 기도를 드렸나요?

......................................................................................................

## 탐험 26.
# 성전에서,
# 요단강에서

### 🧭 탐험 지도

예수님의 어린 시절과 청소년 시절을 탐험해 보고 싶지만, 아쉽게도 성
경에는 예수님이 열두 살 때 성전에 가셨던 사건만 나와요. 그다음 사건
은 예수님이 서른 살에 요단강에서 세례 요한에게 세례를 받으신 일이
에요.

**이번 주 우리 집 기도 제목**

이번 주에 함께 곰곰이 생각하고
외워 볼 말씀은 **누가복음 2장
52절**이에요.

218

# □ 월요일

## 누가복음 2:39-42  점점 자라는 예수님

오늘 본문 말씀을 읽고 답해 보세요.

40절에서 예수님의 성장을 어떻게 표현하고 있나요?

**아이가 자라며 강하여지고 지혜가 충만했다.**


한 걸음 더 들어가 볼까요?

어떻게 하면 지혜가 충만해질 수 있을까요? 40절을 읽고 생각해 보세요.

**하나님의 말씀을 읽고 하나님의 은혜를 구해야 해요.**


★☆★

오늘 꼭 기억해야 할 메시지를 함께 읽어 봅시다.

성경 말씀을 읽으면 지혜가 자라고 하나님의 은혜가 우리 위에 함께하십니다.


우리 함께 기도해요.

하나님의 말씀으로 지혜로워지게 해 주세요.

# ◻ 화요일

**누가복음 2:43-47** 성전에서 가르치시는 예수님


오늘 본문 말씀을 읽고 답해 보세요.

성전에 있는 사람들은 예수님께 어떤 반응을 보였나요? 47절에서 찾아 보세요.

**예수님의 지혜와 대답을 놀랍게 여겼어요.**


한 걸음 더 들어가 볼까요?

어떻게 성경을 배우는 것이 가장 좋을까요? 46절을 읽고 생각해 보세요.

**예수님이 하신 것처럼, 듣기도 하고 묻기도 해야 해요.**


★☆★

오늘 꼭 기억해야 할 메시지를 함께 읽어 봅시다.

성경을 배우는 가장 좋은 방법은, 예수님이 하셨던 것처럼 성경에 대해 듣고 질문하는 것입니다.


우리 함께 기도해요.

예수님처럼 성경에 대해 듣고 질문하면서 성경을 잘 배우게 해 주세요.

**누가복음 2:48-52** 이 땅의 부모님에게 순종하시는 예수님

오늘 본문 말씀을 읽고 답해 보세요.

마리아는 예수님이 하시는 모든 행동을 보고 어떻게 했나요? 51절에서 찾아보세요.

<u>예수님이 하신 모든 말을 마음에 두었어요.</u>

한 걸음 더 들어가 볼까요?

예수님이 부모님을 대하는 모습에서 무엇을 배웠나요? 51절을 읽고 생각해 보세요.

<u>예수님처럼 부모님께 겸손히 순종해야 해요.</u>

★☆★

오늘 꼭 기억해야 할 메시지를 함께 읽어 봅시다.

예수님처럼 부모님께 순종하면 지혜가 자라납니다.

우리 함께 기도해요.

_____했을 때 부모님 말씀을 듣지 않았어요. 용서해 주세요.

# □ 목요일

**마가복음 1:1-8** 예수님을 소개하는 세례 요한

오늘 본문 말씀을 읽고 답해 보세요.

세례 요한이 무엇을 전파했나요? 4절에서 찾아보세요.

**죄 사함을 받게 하는 회개의 세례.**

한 걸음 더 들어가 볼까요?

회개하고 죄 용서를 받으려면 무엇이 필요할까요? 8절을 읽고 생각해 보세요.

**우리에게 성령으로 세례를 베푸시는 예수님이 필요해요.**

★☆★

오늘 꼭 기억해야 할 메시지를 함께 읽어 봅시다.

물로 더러움을 씻듯이 성령이 죄를 씻어 주십니다.

우리 함께 기도해요.

성령으로 우리 죄를 씻어 주세요.

# □ 금요일

**마가복음 1:9-13** 요단강에서 세례를 받으신 예수님

오늘 본문 말씀을 읽고 답해 보세요.

하늘로부터 소리가 나더니 예수님에 대해 뭐라고 했나요? 11절에서 찾아보세요.

> **하나님이 예수님께 말씀하셨어요. "너는 내 사랑하는 아들이라. 내가 너를 기뻐하노라."**

한 걸음 더 들어가 볼까요?

13절에 보면 사탄이 예수님을 시험했어요. 사탄의 유혹을 받은 적이 있나요? 돌아가며 이야기해 보세요.

★☆★

오늘 꼭 기억해야 할 메시지를 함께 읽어 봅시다.

날마다 하나님의 사랑의 목소리를 잘 듣고 따르겠습니다.

우리 함께 기도해요.

사탄의 유혹에서 우리를 지켜 주시고, 하나님의 사랑을 더욱 누리게 해 주세요.

# ❏ 토요일

### 마가복음 1:14-18  복음을 전하기 시작하신 예수님

오늘 본문 말씀을 읽고 답해 보세요.

예수님은 첫 설교에서 어떤 말씀을 하셨나요? 15절에서 찾아보세요.

**때가 찼고 하나님의 나라가 가까이 왔으니, 회개하고 복음을 믿으라.**

한 걸음 더 들어가 볼까요?

17절에 나오는 '사람을 낚는 어부가 되리라'는 말은 무슨 뜻인가요?

**죄에 빠져 허우적거리는 많은 사람들을 건져 내는 사람이 되리라는 뜻이에**
**요. 예수님은 우리도 그렇게 다른 사람을 구하기를 바라세요.**

★☆★

오늘 꼭 기억해야 할 메시지를 함께 읽어 봅시다.

예수님을 따르고 사람들을 죄에서 구하려면, 우리부터 먼저 죄를 회개
하고 복음을 믿어야 합니다.

우리 함께 기도해요.

제가 진심으로 회개하고 예수님을 진심으로 믿고 따르게 해 주세요.

## ☐ 주일

**오늘 설교 시간에 들은 성경 본문을 같이 읽어 보겠습니다.**

오늘 교회에서 하나님이 어떤 분이라고 배웠나요?

..............................................................................................................

오늘 교회에서 죄가 무엇이라고 배웠나요?

..............................................................................................................

오늘 교회에서 예수님이 어떤 분이라고 배웠나요?

..............................................................................................................

오늘 교회에서 날마다 어떻게 생각하고 말하고 행동해야 한다고 배웠나요?

..............................................................................................................

설교를 듣고 나서 무엇을 가장 크게 깨달았나요?

..............................................................................................................

설교를 듣고 나서 뭐라고 하나님께 기도를 드렸나요?

..............................................................................................................

## 탐험 27.
# 산 위의 교회

###  탐험 지도

산상수훈은 산에서 한 설교라는 뜻인데, 예수님이 하신 설교 중에서도 아주 유명해요. 우리도 그 산에 올라가서 은혜로운 설교를 같이 들어 봅시다. 예수님은 이 설교에서 여덟 가지 복, 팔복을 이야기해 주세요. 이 팔복은 한마디로 하나님 나라에 사는 사람들이 갖추어야 할 삶의 태도예요. 이번 탐험에서는 팔복과 함께 우리가 이 세상에서 어떤 모습으로 생각하고 말하고 행동해야 하는지 알아보겠습니다.

이번 주 우리 집 기도 제목

이번 주에 함께 곰곰이 생각하고 외워 볼 말씀은 **마태복음 5장 3절**이에요.

# ⬜ 월요일

오늘 본문 말씀을 읽고 답해 보세요.

심령이 가난한 자는 무엇을 받나요? 3절에서 찾아보세요.

> + 심령은 마음이에요.

**천국.**

한 걸음 더 들어가 볼까요?

4절에 애통하는 자는 복이 있다고 했는데, 우리는 무엇에 대해 애통해야 할까요?

> + 애통은 깊이 슬퍼하는 거예요.

**나의 죄.**

★☆★

오늘 꼭 기억해야 할 메시지를 함께 읽어 봅시다.

내가 나의 죄에 대해 애통할 때, 하나님이 예수님을 통해 우리를 용서하셨다고 일깨워 주시고 위로해 주십니다.

우리 함께 기도해요.

제가 지은 죄들 때문에 너무 속상하고 슬퍼요. 저를 불쌍히 여겨 주세요. 용서해 주세요.

# ㅁ 화요일

**마태복음 5:7-12** 하나님 나라의 사람 (2)

오늘 본문 말씀을 읽고 답해 보세요.

누가 하나님을 볼 수 있을까요? 8절에서 찾아보세요.

**마음이 청결한 자.**

+ 청결하다는 것은 깨끗하다는 거예요.

한 걸음 더 들어가 볼까요?

내가 하나님의 아들딸이라는 것을 어떻게 알 수 있나요? 9절을 읽고 생각해 보세요.

**내가 화평하게 하는 사람인지 보면 돼요.**

+ 화평하게 한다는 건 서로 미워하고 다투는 사람들을 화목하고 평온하게 만든다는 거예요.

★☆★

오늘 꼭 기억해야 할 메시지를 함께 읽어 봅시다.

하나님의 아들이신 예수님은 가장 마음이 청결하시고, 화평하게 하는 분이십니다.

우리 함께 기도해요.

우리도 예수님처럼 마음이 청결한 사람이 되게 해 주세요. 어디를 가든 화평하게 하는 사람이 되게 해 주세요.

# ⬚ 수요일

오늘 본문 말씀을 읽고 답해 보세요.

그리스도인을 뭐라고 하나요? 14절에서 찾아보세요.

**세상의 빛.**

한 걸음 더 들어가 볼까요?

어떻게 하면 우리의 빛을 세상에 비출 수 있을까요? 15-16절을 읽고 생
각해 보세요.

**내가 그리스도인이라는 것을 숨기지 않고, 다른 사람들에게 하나님이 하라
고 하신 착한 일을 해야 해요.**

★☆★

오늘 꼭 기억해야 할 메시지를 함께 읽어 봅시다.

하나님은 우리에게 어두운 세상에서 빛을 발하라고 말씀하셨습니다.

우리 함께 기도해요.

친구들 앞에서 예수님 이야기를 전하고, 사람들에게 하나님이 가르쳐
주신 착한 일들을 할 수 있도록 용기를 주세요.

# 목요일

**마태복음 5:17-20** 하나님 나라의 의

오늘 본문 말씀을 읽고 답해 보세요.

예수님은 구약의 율법과 예언들을 어떻게 하려고 오셨나요? 17절에서
찾아보세요.

**완전하게 하려고.**

+ 완전하게 이루시려고 오셨어요.

한 걸음 더 들어가 볼까요?

천국에 들어가려면 어떤 의가 필요한가요? 20절에서 찾아보세요.

**서기관과 바리새인보다 더 나은 의.**

★☆★

오늘 꼭 기억해야 할 메시지를 함께 읽어 봅시다.

우리는 서기관과 바리새인보다 더 나은 의가 없지만, 예수님이 그것을
이루셔서 우리에게 주셨습니다.

+ 고린도후서 5장 21절을 같이 읽으세요.

우리 함께 기도해요.

예수님의 완전한 의를 우리에게 주셔서 감사해요. 우리가 예수님을 의
지해 천국에 들어갈 것을 믿습니다.

# □ 금요일

오늘 본문 말씀을 읽고 답해 보세요.

하나님이 무엇을 심판하신다고 하나요? 22절에서 찾아보세요.

**형제에게 노하는(화내는) 사람.**


한 걸음 더 들어가 볼까요?

하나님을 예배하러 왔는데 어떤 사람이 나한테 화가 나 있다면 어떻게
해야 할까요?

**예배드리기 전에 그 사람을 찾아가서 화해해야 해요.**


★☆★

오늘 꼭 기억해야 할 메시지를 함께 읽어 봅시다.

우리 마음속에 있는 죄악된 분노는 위험하니, 버리거나 하나님의 방법
으로 풀어야 합니다.


우리 함께 기도해요.

제 마음에서 화를 없애 주시고, 저에게 화가 난 _____와 좋은 사이가
될 수 있게 해 주세요.

# 토요일

**마태복음 5:27-32**  하나님 나라의 결혼생활

오늘 본문 말씀을 읽고 답해 보세요.

예수님이 무엇을 하지 말라 하셨나요? 27-28절을 읽고 생각해 보세요.

**나쁜 행동은 물론이고 나쁜 생각을 마음에 품는 것도 하지 말라고 하셨어요.**

한 걸음 더 들어가 볼까요?

예수님이 만일 눈이 실족하게 하거든 빼어 내라고 말씀하셨는데, 무슨 뜻일까요? 29절을 읽고 생각해 보세요.

**눈으로 보는 것으로 죄짓지 않도록 최선을 다하라는 의미예요.**

★☆★

오늘 꼭 기억해야 할 메시지를 함께 읽어 봅시다.

하나님은 행동만이 아니라 우리 마음과 생각까지도 거룩해야 한다고 말씀하십니다.

우리 함께 기도해요.

깨끗한 마음과 생각을 주시고 깨끗한 눈을 가질 수 있게 도와주세요.

## ㅁ 주일

**오늘 설교 시간에 들은 성경 본문을 같이 읽어 보겠습니다.**


오늘 교회에서 하나님이 어떤 분이라고 배웠나요?

........................................................................................................................

오늘 교회에서 죄가 무엇이라고 배웠나요?

........................................................................................................................

오늘 교회에서 예수님이 어떤 분이라고 배웠나요?

........................................................................................................................

오늘 교회에서 날마다 어떻게 생각하고 말하고 행동해야 한다고 배웠나요?

........................................................................................................................

설교를 듣고 나서 무엇을 가장 크게 깨달았나요?

........................................................................................................................

설교를 듣고 나서 뭐라고 하나님께 기도를 드렸나요?

........................................................................................................................

**탐험 28.**

# 미운 사람

### 🧭 탐험 지도

계속되는 산상수훈에서 예수님은 우리가 다른 사람을 어떻게 대하고 하나님 앞에서 어떻게 살아야 하는지 자세히 알려 주세요. 특히 우리는 종종 밉고 싫은 사람이 생기는데, 그런 사람을 만났을 때 어떻게 대하라고 하시는지 잘 들어 봅시다.

### 이번 주 우리 집 기도 제목

이번 주에 함께 곰곰이 생각하고 외워 볼 말씀은 마태복음 5장 48절이에요.

# □ 월요일

**마태복음** 5:33-37　하나님 나라의 말

오늘 본문 말씀을 읽고 답해 보세요.

하나님이 옳은 것과 아닌 것에 대해 어떻게 하라고 말씀하셨나요? 37절을 읽고 생각해 보세요.

**옳은 것은 옳다고 하고 아닌 것은 아니라고 하라.**

한 걸음 더 들어가 볼까요?

위에 답한 말이 무슨 의미인가요?

**항상 진실한 말을 해야 한다는 뜻이에요.**

★☆★

오늘 꼭 기억해야 할 메시지를 함께 읽어 봅시다.

악한 마귀는 거짓말을 좋아해서 우리가 거짓말을 하도록 유혹합니다.

우리 함께 기도해요.

예수님처럼 저도 진실한 말을 하게 해 주세요.

# 화요일

**마태복음 5:38-42** 하나님 나라의 친절

오늘 본문 말씀을 읽고 답해 보세요.

누가 뭘 빌려 달라고 하면 어떻게 해야 할까요? 42절에서 찾아보세요.

**구하는 자에게 주어야 해요.**

한 걸음 더 들어가 볼까요?

이 명령에 순종하기가 왜 어려울까요?

**내 마음이 예수님 같지 않기 때문이에요.**

★☆★

오늘 꼭 기억해야 할 메시지를 함께 읽어 봅시다.

나한테 친절과 도움을 베풀지 않는 사람에게도 친절과 도움을 베풀어야
합니다. 예수님이 그렇게 하셨기 때문입니다.

우리 함께 기도해요.

제게 예수님의 마음을 주세요. 저를 미워하는 사람에게도 친절과 도움
을 베풀게 해 주세요.

# □ 수요일

## 마태복음 5:43-48  하나님 나라의 사랑

오늘 본문 말씀을 읽고 답해 보세요.

나를 괴롭혀서 너무 싫은 사람을 어떻게 대해야 할까요? 44절에서 찾아
보세요.

**사랑하고 그 사람을 위해 기도해 줘야 해요.**

한 걸음 더 들어가 볼까요?

44절 말씀을 우리 각자의 상황에 어떻게 적용할지 돌아가며 이야기해
보세요.

★☆★

오늘 꼭 기억해야 할 메시지를 함께 읽어 봅시다.

밉고 싫은 사람을 사랑할 때 우리가 하나님의 자녀임이 증명됩니다.

+ 45절을 한 번 더 같이 읽으세요.

우리 함께 기도해요.

저는 미운 사람을 사랑하는 일이 너무 힘들어요. 미운 사람을 사랑하고
잘해 줄 수 있도록 힘을 주세요.

# 목요일

**마태복음 6:1-4** 하나님 나라의 나눔

오늘 본문 말씀을 읽고 답해 보세요.

우리의 구제함을 누가 보시나요? 4절에서 찾아보세요.

+ 구제란 어려운 처지에 있는 사람을 도와주는 거예요.

**하나님 아버지.**

한 걸음 더 들어가 볼까요?

교회나 가난한 사람에게 다른 사람들이 모르게 헌금하면 하나님이 어떻게 하시나요? 4절에서 찾아보세요.

**우리에게 갚아 주세요.**

★☆★

오늘 꼭 기억해야 할 메시지를 함께 읽어 봅시다.

하나님께 드리고 사람들에게 베풀되, 사람들이 칭찬하고 알아주기를 바라지 말아야 합니다.

우리 함께 기도해요.

사람들에게 자랑하려고 착한 일을 하지 않게 해 주세요. 오직 하나님 앞에서 하게 해 주세요.

### 마태복음 6:5-8  하나님 나라의 기도

오늘 본문 말씀을 읽고 답해 보세요.

우리가 기도하기도 전에 하나님이 아시는 것은 무엇일까요? 8절에서 찾아보세요.

**우리에게 있어야 할 것.**

한 걸음 더 들어가 볼까요?

오늘 나에게 있어야 할 것은 무엇인가요? 자신에게 필요한 것을 돌아가며 이야기해 보세요.

★☆★

오늘 꼭 기억해야 할 메시지를 함께 읽어 봅시다.

하나님은 우리가 필요한 모든 것을 이미 아시지만, 우리가 직접 하나님께 요청하는 것을 듣고 싶어 하십니다.

우리 함께 기도해요.

저는 _____ 가(이) 필요해요.

# ▢ 토요일

**마태복음 6:9-15** 하나님 나라의 용서

오늘 본문 말씀을 읽고 답해 보세요.

다른 사람의 잘못을 용서하지 않으면 어떻게 될까요? 15절에서 찾아보세요.

**하나님도 나의 죄를 용서하지 않으세요.**

한 걸음 더 들어가 볼까요?

누구를 용서하기가 가장 어려운가요? 왜 그런가요? 돌아가며 이야기해 보세요.

+ 특히 형제자매 사이에 일어나는 갈등 이야기를 나눠 보세요.

★☆★

오늘 꼭 기억해야 할 메시지를 함께 읽어 봅시다.

우리가 다른 사람의 죄를 용서할 때 하나님도 우리 죄를 용서하십니다.

우리 함께 기도해요.

저를 용서해 주셔서 감사해요. 하나님이 저를 용서해 주고 받아 주신 것처럼 저도 _____의 잘못을 용서하게 해 주세요.

# □ 주일

**오늘 설교 시간에 들은 성경 본문을 같이 읽어 보겠습니다.**


오늘 교회에서 하나님이 어떤 분이라고 배웠나요?

...........................................................................................................................

오늘 교회에서 죄가 무엇이라고 배웠나요?

...........................................................................................................................

오늘 교회에서 예수님이 어떤 분이라고 배웠나요?

...........................................................................................................................

오늘 교회에서 날마다 어떻게 생각하고 말하고 행동해야 한다고 배웠나요?

...........................................................................................................................

설교를 듣고 나서 무엇을 가장 크게 깨달았나요?

...........................................................................................................................

설교를 듣고 나서 뭐라고 하나님께 기도를 드렸나요?

...........................................................................................................................

## 탐험 29.
# 하늘의 보물

###  탐험 지도

이번 탐험도 산에서 하신 예수님의 설교예요. 산상수훈은 아주 긴 설교
였지만, 예수님이 직접 설교하셨으니 분명히 지루하지 않았을 거예요.
이번에는 돈과 걱정에 대해 예수님이 말씀하신 내용을 살펴볼 거예요.
우리가 무엇을 먼저 구해야 하는지도 알려 주셨어요.

이번 주 우리 집 기도 제목

이번 주에 함께 곰곰이 생각하고
외워 볼 말씀은 **마태복음 6장
33절**이에요.

# □ 월요일

## 마태복음 6:16-18  하나님 나라의 시간

오늘 본문 말씀을 읽고 답해 보세요.

금식은 어떻게 해야 하나요? 18절에서 찾아보세요.

**은밀한 중에.**


한 걸음 더 들어가 볼까요?

금식은 하나님을 위해 시간을 내는 방법이에요. 오늘 우리도 무엇인가
를 포기하고 하나님을 위한 시간을 더 내면 좋겠어요. 무엇을 포기할지
돌아가며 이야기해 보세요.

**예를 들면, 친구와 노는 시간, 게임, 스마트폰, SNS, 텔레비전 시청 등.**


★☆★

오늘 꼭 기억해야 할 메시지를 함께 읽어 봅시다.

때로 하나님은 우리의 시간을 빼앗는 것들을 다 내려놓고 그 시간을 하
나님께 드리라고 하십니다.


우리 함께 기도해요.

덜 중요한 것들을 내려놓고 하나님과 더 많은 시간을 갖게 해 주세요.

# □ 화요일

**마태복음 6:19-21** 하나님 나라의 보물

오늘 본문 말씀을 읽고 답해 보세요.

우리의 보물을 어디에 쌓아 두어야 할까요? 19-20절에서 찾아보세요.

**땅이 아니라 하늘.**

한 걸음 더 들어가 볼까요?

내 마음은 어디에 있을까요? 21절에서 찾아보세요.

**내 보물이 있는 곳.**

★☆☆

오늘 꼭 기억해야 할 메시지를 함께 읽어 봅시다.

내 마음과 생각은 가장 소중히 여기는 것을 바라봅니다.

우리 함께 기도해요.

하늘에 있는 영적인 것을 땅에 있는 것들보다 소중히 여기게 해 주세요.

244

# □ 수요일

오늘 본문 말씀을 읽고 답해 보세요.

무엇이 몸의 등불일까요? 22절에서 찾아보세요.

**눈.**


한 걸음 더 들어가 볼까요?

24절에서 어떤 일이 불가능하다고 하나요?

**두 주인을 섬기는 일.**


★☆★

오늘 꼭 기억해야 할 메시지를 함께 읽어 봅시다.

하나님의 진리의 빛이 우리 눈에 들어오면 하나님을 주인으로 섬기게
됩니다.


우리 함께 기도해요.

우리 눈을 하나님의 진리에 열어 주셔서 하나님을 주인으로 섬기게 해
주세요.

# ☐ 목요일

오늘 본문 말씀을 읽고 답해 보세요.

예수님이 우리에게 무엇을 보고 염려하지 말라고 하셨나요? 26절에서
찾아보세요.

**새.**

한 걸음 더 들어가 볼까요?

왜 새들을 보며 염려하지 않아도 될까요? 26절을 읽고 생각해 보세요.

**그런 작은 피조물도 돌보시는데, 사랑하는 아들딸을 돌보지 않으실 리 없어요.**

★☆★

오늘 꼭 기억해야 할 메시지를 함께 읽어 봅시다.

자연을 돌보시는 하나님을 보면 모든 걱정을 버릴 수 있습니다.

우리 함께 기도해요.

걱정하는 마음을 버리게 해 주세요. 평안한 마음을 주세요.

## ▢ 금요일

오늘 본문 말씀을 읽고 답해 보세요.

우리는 먼저 무엇을 구해야 하나요? 33절에서 찾아보세요.

**하나님의 나라, 하나님의 의.**


한 걸음 더 들어가 볼까요?

혹시 하나님과 하나님 나라보다 중요하게 생각하는 것이 있는지 돌아가며 이야기해 보세요.

**예를 들면, 게임, 장난감, 공부, 친구, 회사일, 스포츠, 스마트폰 등.**


★☆★

오늘 꼭 기억해야 할 메시지를 함께 읽어 봅시다.

언제나 나에게 '왕이신 예수님'이 가장 먼저여야 합니다.


우리 함께 기도해요.

하나님보다_____을 더 많이 생각하고 더 많이 좋아하고 더 많이 중요하게 생각했어요. 용서해 주세요. 예수님을 가장 많이 생각하고 가장 좋아하고 가장 중요하게 생각하기를 원합니다. 그럴 수 있게 해 주세요.

# 토요일

**마태복음 7:1-6** 하나님 나라의 판단

오늘 본문 말씀을 읽고 답해 보세요.

먼저 무엇을 해야 한다고 말하고 있나요? 5절에서 찾아보세요.

**내 눈 속에서 들보를 빼야 해요.**

> + 들보란 집을 지탱하는 데 쓰는 크고 두꺼운 나무토막이에요. 여기서는 내게 있는 큰 결점이나 잘못을 의미해요.

한 걸음 더 들어가 볼까요?

둘째로 무엇을 해야 하나요? 5절에서 찾아보세요.

**형제의 눈 속에서 티를 빼야 해요.**

> + 여기서 티는 다른 사람의 먼지 같은 작은 허물을 의미해요.

★☆★

오늘 꼭 기억해야 할 메시지를 함께 읽어 봅시다.

우리는 자주 내 잘못은 작게 여기고 다른 사람의 잘못은 크게 생각합니다.

우리 함께 기도해요.

죄를 바라보는 제 눈을 바꿔 주세요. 제가 지은 죄를 다른 사람의 죄보다 크게 보고 먼저 해결하게 해 주세요.

## ❑ 주일

**오늘 설교 시간에 들은 성경 본문을 같이 읽어 보겠습니다.**

오늘 교회에서 하나님이 어떤 분이라고 배웠나요?

.......................................................................................................................

오늘 교회에서 죄가 무엇이라고 배웠나요?

.......................................................................................................................

오늘 교회에서 예수님이 어떤 분이라고 배웠나요?

.......................................................................................................................

오늘 교회에서 날마다 어떻게 생각하고 말하고 행동해야 한다고 배웠나요?

.......................................................................................................................

설교를 듣고 나서 무엇을 가장 크게 깨달았나요?

.......................................................................................................................

설교를 듣고 나서 뭐라고 하나님께 기도를 드렸나요?

.......................................................................................................................

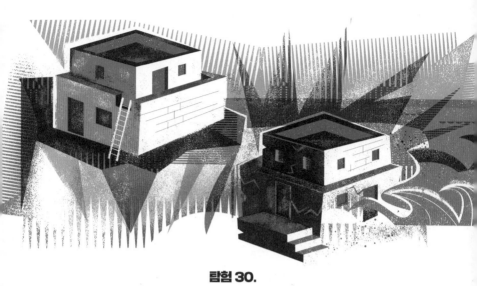

## 탐험 30.
# 두 종류의 집

### ⊘ 탐험 지도

산상수훈 탐험이 흥미롭고 재미있는 이유는 예수님이 많은 예화를 사용하시기 때문이에요. 산상수훈 마지막 부분에는 문 두드리기, 여행길, 과일나무, 집 짓기 등 마치 눈으로 직접 보는 것처럼 생생한 예화가 많이 등장합니다. 그 모든 이야기를 통해서 예수님은 우리에게 하나님 나라에 들어가서 하나님 나라 백성으로서 살라고 말씀하세요.

**이번 주 우리 집 기도 제목**

이번 주에 함께 곰곰이 생각하고 외워 볼 말씀은 **마태복음 7장 24절**이에요.

250

오늘 본문 말씀을 읽고 답해 보세요.

기도할 때 우리는 무엇을 해야 할까요? 7절에서 찾아보세요.

**구하기, 찾기, 두드리기.**

한 걸음 더 들어가 볼까요?

하늘에 계신 우리 아버지는 구하는 자에게 무엇을 주시나요? 11절에서 찾아보세요.

**좋은 것.**

★☆★

오늘 꼭 기억해야 할 메시지를 함께 읽어 봅시다.

하나님 아버지의 선하심과 은혜를 의지해 기도하라고 예수님이 우리를 격려하십니다.

우리 함께 기도해요.

우리가 구할 때, 기쁜 마음으로 좋은 선물들을 주시는 하나님 아버지를 찬양해요!

# ▢ 화요일

**마태복음 7:13-14** 하나님 나라의 길로 가기

오늘 본문 말씀을 읽고 답해 보세요.

14절을 읽고 좁은 문, 좁은 길에 대해 설명해 보세요.

**생명으로 인도하지만 찾는 사람이 적어요.**

한 걸음 더 들어가 볼까요?

어떻게 하면 13-14절에 나오는 좁은 문으로 들어갈 수 있나요? 요한복음 14장 6절을 읽고 생각해 보세요.

**많은 사람이 걸어가는 넓은 길을 떠나, 길이요 진리요 생명이신 예수님을 믿어야 해요.**

★☆★

오늘 꼭 기억해야 할 메시지를 함께 읽어 봅시다.

하나님이 우리를 '넓고 인기 있지만 죽음으로 가는 길'에서 불러내셔서, '좁고 때로 외롭더라도 생명 길'로 가라고 하십니다.

우리 함께 기도해요.

좁지만 생명이 있는 길을 끝까지 걸어가도록 도와주세요.

# ◻ 수요일

**마태복음 7:15-20** 하나님 나라 열매 맺기

오늘 본문 말씀을 읽고 답해 보세요.

나무가 좋은지 나쁜지 어떻게 알 수 있나요? 20절에서 찾아보세요.

**열매를 보면 알 수 있어요.**

한 걸음 더 들어가 볼까요?

갈라디아서 5장 19-23절을 같이 읽고, 살면서 얻을 수 있는 열매들이 어떤 것들이 있는지 알아보세요. 내 삶에 맺힌 열매는 무엇이며, 그것이 내 삶이 어떻다는 것을 말해 주나요? 돌아가며 이야기해 보세요.

★☆★

오늘 꼭 기억해야 할 메시지를 함께 읽어 봅시다.

좋은 열매를 맺으려면 먼저 하나님이 우리를 좋은 나무로 만들어 주셔야 합니다.

우리 함께 기도해요.

좋은 열매를 맺는 좋은 나무가 되게 해 주세요.

# ▢ 목요일

## 마태복음 7:21-23  하나님 나라의 뜻 행하기

오늘 본문 말씀을 읽고 답해 보세요.

누가 천국에 들어갈 수 있나요? 21절에서 찾아보세요.

**하나님 아버지의 뜻대로 행하는 자.**

한 걸음 더 들어가 볼까요?

예수님이 어떤 사람에게 23절처럼 "내가 너희를 도무지 알지 못한다"라고 말씀하실까요?

**"주여, 주여" 하며 신앙에 관한 말만 많이 하고 실제로는 불법을 행하는 자들.**

★☆★

오늘 꼭 기억해야 할 메시지를 함께 읽어 봅시다.

하나님의 뜻이 이렇다 저렇다 말만 많이 해서는 안 됩니다. 믿는 대로 행동해야 합니다.

우리 함께 기도해요.

말만 많이 하는 사람이 아니라 말씀을 행하는 사람이 되게 해 주세요.

# ❑ 금요일
## 마태복음 7:24-27  하나님 나라 반석 위에 집 짓기

오늘 본문 말씀을 읽고 답해 보세요.

비바람이 몰아치자 두 집이 어떻게 되었나요? 25-27절을 읽고 생각해 보세요..

**반석 위에 지은 집은 무너지지 않았지만, 모래 위에 지은 집은 무너졌어요.**

한 걸음 더 들어가 볼까요?

지혜로운 사람과 어리석은 사람 사이에는 어떤 차이가 있나요? 24, 26절을 읽고 생각해 보세요.

**지혜로운 사람은 하나님의 말씀을 듣고 실천하지만, 어리석은 사람은 듣고도 실천하지 않아요.**

★☆★

오늘 꼭 기억해야 할 메시지를 함께 읽어 봅시다.

매일 우리가 내리는 선택에 따라 우리의 삶의 마지막 모습이 달라집니다.

우리 함께 기도해요.

우리가 지금 반석 위에 지은 집인지, 모래 위에 지은 집인지 깨닫게 해 주세요. 흔들리지 않는 반석이신 예수님 위에 인생을 짓게 해 주세요.

☐ 토요일

**마태복음 7:28-29** 하나님 나라 가르침에 놀라다

오늘 본문 말씀을 읽고 답해 보세요.

예수님의 설교를 듣고 사람들이 어떻게 반응했나요? 28-29절을 읽고 생각해 보세요.

**가르침에 진정한 권위가 느껴져서 모두들 놀랐어요.**

한 걸음 더 들어가 볼까요?

지금까지 예수님의 산상수훈을 듣고 어떤 부분이 놀라웠는지 생각해 보고, 돌아가며 이야기해 보세요.

★☆★

오늘 꼭 기억해야 할 메시지를 함께 읽어 봅시다.

예수님의 가르침은 명쾌하고 능력이 있어서 언제나 우리를 놀라게 합니다.

우리 함께 기도해요.

세상이 가르쳐 줄 수 없는 진리를 알려 주신 예수님, 정말 감사해요. 잊지 않고 우리 삶에서 실천하게 해 주세요.

## ◻ 주일

**오늘 설교 시간에 들은 성경 본문을 같이 읽어 보겠습니다.**


오늘 교회에서 하나님이 어떤 분이라고 배웠나요?

......................................................................................................

오늘 교회에서 죄가 무엇이라고 배웠나요?

......................................................................................................

오늘 교회에서 예수님이 어떤 분이라고 배웠나요?

......................................................................................................

오늘 교회에서 날마다 어떻게 생각하고 말하고 행동해야 한다고 배웠나요?

......................................................................................................

설교를 듣고 나서 무엇을 가장 크게 깨달았나요?

......................................................................................................

설교를 듣고 나서 뭐라고 하나님께 기도를 드렸나요?

......................................................................................................

## 탐험 31.

# 문제가 생긴 결혼식, 더러운 성전

###  탐험 지도

지금까지 예수님의 첫 설교를 탐험했어요. 이번 주에는 예수님이 일으키신 첫 번째 기적을 살펴볼 거예요. 그리고 나서 성전을 깨끗하게 청소하시는 사건 현장을 탐험하고, 베드로전서로 가서 성전에 대한 가르침을 듣겠습니다.

이번 주 우리 집 기도 제목

이번 주에 함께 곰곰이 생각하고 외워 볼 말씀은 요한복음 2장 16절이에요.

# ◻ 월요일

## 요한복음 2:1-5 문제가 생긴 결혼식

오늘 본문 말씀을 읽고 답해 보세요.

예수님과 제자들은 어디에 갔나요? 1-2절에서 찾아보세요.

**갈릴리 가나에서 있었던 혼례(결혼식).**

한 걸음 더 들어가 볼까요?

예수님의 어머니 마리아가 하인들에게 뭐라고 했나요? 5절에서 찾아보세요.

**너희에게 무슨 말씀을 하시든지 그대로 하라.**

★☆★

오늘 꼭 기억해야 할 메시지를 함께 읽어 봅시다.

예수님이 결혼식에 참석하신 것은 예수님이 우리의 일상에 관심을 가지시며 결혼생활도 도와주신다는 것을 보여 줍니다.

우리 함께 기도해요.

엄마 아빠의 결혼생활을 축복해 주세요. 우리 가정을 축복해 주세요.

+ 친척이나 가족과 가까운 사람들 중에 결혼을 앞두거나 갓 결혼한 부부가 있다면 그들을 위해 함께 기도하세요.

# ◻ 화요일

**요한복음 2:6-11** 행복한 결혼식

오늘 본문 말씀을 읽고 답해 보세요.

예수님은 결혼식에서 무엇을 나타내셨나요? 11절을 읽고 생각해 보세요.

**물을 포도주로 바꾸신 첫 기적을 통해 예수님의 영광을 나타내셨어요.**

한 걸음 더 들어가 볼까요?

그리스도의 영광스러운 기적 이야기를 듣고 우리는 어떻게 해야 할까요?

**기적은 예수님이 하나님이라는 사실을 증명해요. 그 예수님을 우리는 믿어야 해요.**

★☆★

오늘 꼭 기억해야 할 메시지를 함께 읽어 봅시다.

예수님은 기적을 베푸셔서 예수님의 영광을 나타내시고, 우리가 그분을 믿을 수 있도록 이끌어 주셨습니다.

우리 함께 기도해요.

예수님이 베푸신 영광스러운 기적을 보고 예수님을 믿게 해 주세요.

◻ 수요일

오늘 본문 말씀을 읽고 답해 보세요.

예수님이 왜 화가 나셨나요? 16절에서 찾아보세요.

**사람들이 하나님의 성전에서 비둘기를 팔았어요. 하나님의 집을 장사하는 집으로 만들었어요.**

한 걸음 더 들어가 볼까요?

예수님이 보여 주신 모습을 보고 하나님의 집에 대해 무엇을 배웠나요?

17절을 읽고 생각해 보세요.

**하나님의 집을 사모하는 열정을 가져야 해요.**

+ 여기서 사모한다는 건 아끼고 사랑하는 거예요.

★☆★

오늘 꼭 기억해야 할 메시지를 함께 읽어 봅시다.

예수님이 본을 보이신 것처럼, 우리도 우리 교회가 하나님이 기뻐하시는 교회가 되도록 교회를 아끼고 사랑해야 합니다.

우리 함께 기도해요.

우리 교회를 주셔서 감사합니다. 우리 교회가 하나님 앞에서 깨끗하게 해 주세요. 교회를 아끼고 사랑하며 건강한 교회가 되도록 우리가 계속 기도하게 해 주세요.

# ▢ 목요일

**요한복음 2:18-22** 새 성전

오늘 본문 말씀을 읽고 답해 보세요.

예수님이 말씀하시는 성전은 무슨 성전인가요? 21절에서 찾아보세요.

**예수님의 몸.**

한 걸음 더 들어가 볼까요?

성전을 헐면 예수님이 일으키시겠다고 한 말씀은 어떻게 이루어졌나요? 22절에서 찾아보세요.

**죽었던 예수님의 몸이 다시 살아났어요.**

★☆★

오늘 꼭 기억해야 할 메시지를 함께 읽어 봅시다.

예수님은 부활의 기적을 통해 예수님의 영광을 가장 크게 나타내셨습니다. 죽었던 예수님의 몸이 다시 사신 것을 믿을 때 우리 믿음도 더욱 커집니다.

우리 함께 기도해요.

부활의 은혜를 주신 하나님, 감사해요. 예수님의 부활이 우리의 부활이 됨을 믿습니다.

262

# ◻ 금요일

오늘 본문 말씀을 읽고 답해 보세요.

예수님을 어떤 돌에 비유했나요? 4절에서 찾아보세요.

**사람들에게 버려졌으나 하나님께 택하심을 입은, 보배로운 산 돌.**


한 걸음 더 들어가 볼까요?

예수님의 새 성전의 돌들은 누구인가요? 5절을 읽고 생각해 보세요.

**예수님을 믿고 생명을 얻은 우리들.**


★☆★

오늘 꼭 기억해야 할 메시지를 함께 읽어 봅시다.

죽은 돌이 아닌 예수님 안에서 생명을 얻은 사람들이 살아 있는 돌이 되어 교회를 만듭니다.


우리 함께 기도해요.

예수님께 생명을 얻은 사람들이 더 많아지게 해 주세요. 우리 모두 하나님이 기뻐하시는 교회가 되게 해 주세요.

# 토요일

**베드로전서 2:7-10** 선포하는 성전

오늘 본문 말씀을 읽고 답해 보세요.

새 성전이 하는 일은 무엇인가요? 9절에서 찾아보세요.

**죄인인 우리를 어두운 데서 불러내어 그의 기이한 빛에 들어가게 하신 이의 아름다운 덕을 선포합니다.**

+ 덕을 선포한다는 건 하나님과 하나님이 하신 놀라운 일들을 찬양하고 말한다는 거예요.

한 걸음 더 들어가 볼까요?

어떻게 하면 평소에 하나님의 아름다운 덕을 선포할 수 있을까요? 우리 일상에서 하나님을 드러내는 일이 어떤 것이 있는지 돌아가며 이야기해 보세요.

★☆★

오늘 꼭 기억해야 할 메시지를 함께 읽어 봅시다.

우리는 어둠을 몰아내는 '하나님의 빛'을 선포하는 사람입니다.

우리 함께 기도해요.

어둠을 물리치는 하나님의 빛을 더욱 선포하게 해 주세요.

## □ 주일

**오늘 설교 시간에 들은 성경 본문을 같이 읽어 보겠습니다.**

오늘 교회에서 하나님이 어떤 분이라고 배웠나요?

..................................................................................................

오늘 교회에서 죄가 무엇이라고 배웠나요?

..................................................................................................

오늘 교회에서 예수님이 어떤 분이라고 배웠나요?

..................................................................................................

오늘 교회에서 날마다 어떻게 생각하고 말하고 행동해야 한다고 배웠나요?

..................................................................................................

설교를 듣고 나서 무엇을 가장 크게 깨달았나요?

..................................................................................................

설교를 듣고 나서 뭐라고 하나님께 기도를 드렸나요?

..................................................................................................

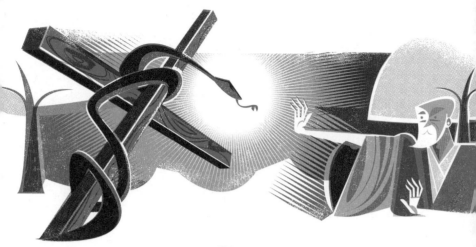

# 한밤에 찾아온 손님

### ⊘ 탐험 지도

지금까지 탐험하는 동안 예수님의 설교와 기적 이야기에서 예수님에 대해 많은 것을 배웠어요. 복음을 듣고 싶어 하는 사람들과 예수님이 함께 나눈 대화에서도 많이 배웠고요. 이번 주 탐험에서는 종교 지도자였던 니고데모와 예수님이 나눈 대화를 들어 보려고 합니다. 니고데모는 예수님과 있는 모습을 사람들에게 들킬까 봐 걱정이 돼 한밤중에 예수님을 찾아왔어요.

이번 주 우리 집 기도 제목

이번 주에 함께 곰곰이 생각하고 외워 볼 말씀은 요한복음 3장 16절이에요.

266

### 요한복음 3:1-4  영적 탄생

오늘 본문 말씀을 읽고 답해 보세요.

하나님의 나라를 보려면 어떻게 해야 하나요? 3절에서 찾아보세요.

**거듭나야 해요.**

한 걸음 더 들어가 볼까요?

거듭난다는 것은 무슨 뜻일까요? 4절을 읽고 생각해 보세요.

**영적으로 다시 태어나는 거예요. 우리가 아기로 태어날 때 하나님께 우리
몸에 생명을 받은 것처럼, 이번에는 영적으로 새로운 생명을 받는 거예요.**

★☆★

오늘 꼭 기억해야 할 메시지를 함께 읽어 봅시다.

이 세상에 죄인으로 태어나는 우리가 천국에 들어가려면 영적으로 새로
태어나야 합니다.

우리 함께 기도해요.

우리가 거듭나게 해 주세요. 하나님 안에서 영적으로 새로 태어나게 해
주세요.

# 🔲 화요일

### 요한복음 3:5-10   강력한 바람

오늘 본문 말씀을 읽고 답해 보세요.

육은 무엇을 낳고, 영(성령)은 무엇을 낳을까요? 6절을 읽고 생각해 보세요.

**육에서는 육이 태어나고, 성령으로는 영적 탄생이 일어나요.**

  + 육에서 육이 태어나는 것은 우리가 육체적으로 아빠 엄마를 통해 태어나는 거예요. 영적
탄생은 하나님이 성령을 통해 우리 영혼을 하나님의 백성으로 다시 태어나게 하신다는
뜻이에요.

한 걸음 더 들어가 볼까요?

왜 거듭남을 바람으로 설명했을까요? 8절을 읽고 생각해 보세요.

**바람이 부는 것도, 우리가 거듭나는 것도 우리가 할 수 없고 예측할 수 없는
일들이기 때문이에요. 다 하나님이 다스리세요. 둘 다 오직 하나님만이 우
리에게 주실 수 있어요.**

★☆★

오늘 꼭 기억해야 할 메시지를 함께 읽어 봅시다.

영적으로 다시 태어나는 것은 하나님의 영만이 주실 수 있습니다. 사람
은 아무리 노력해도 자기 힘으로 거듭날 수 없습니다.

  + 요한복음 1장 13절을 같이 읽으세요.

우리 함께 기도해요.

제 힘으로는 영적으로 다시 태어날 수 없어요. 성령님, 우리에게 새 생명
을 주세요.

268

# □ 수요일

### 요한복음 3:11-15  구원의 놋뱀

오늘 본문 말씀을 읽고 답해 보세요.

모세는 광야에서 무엇을 들어 올렸나요? 14절에서 찾아보세요. 민수기
21장 7-9절도 같이 읽어 보세요.

**놋뱀을 장대에 달아서 들어올렸어요.**

한 걸음 더 들어가 볼까요?

장대에 달린 놋뱀 이야기에서 무엇을 깨달았나요? 14-15절을 읽고 생각
해 보세요.

**뱀에 물려 독이 퍼진 사람들이 장대에 달린 놋뱀을 쳐다보고 다시 살아난
것처럼 저도 예수님이 저의 죄를 위해 죽으신 십자가를 바라보면 살 수 있
습니다.**

★☆★

오늘 꼭 기억해야 할 메시지를 함께 읽어 봅시다.

죄는 우리를 죽이는 독입니다. 하나밖에 없는 해독제는 예수님이 저의
죄를 위해 죽으신 십자가를 믿음으로 바라보는 것입니다.

우리 함께 기도해요.

제 주위에 있는 많은 사람들이 예수님을 바라보고 치명적인 죄의 독을
씻어 낼 수 있게 해 주세요.

# 목요일

**요한복음 3:16-21** 아들을 보내신 사랑

오늘 본문 말씀을 읽고 답해 보세요.

하나님이 예수님을 세상에 보내신 이유는 무엇인가요? 16절에서 찾아보세요.

**세상을 사랑하셔서.**

한 걸음 더 들어가 볼까요?

하나님이 예수님을 세상에 보내신 목적은 무엇인가요? 17절에서 찾아보세요.

**세상이 구원을 받게 하시려고.**

+ 우리 같은 죄인들을 구원하시려고.

★☆★

오늘 꼭 기억해야 할 메시지를 함께 읽어 봅시다.

하나님이 세상을 사랑하셔서 예수님을 보내시어 죽어 가는 세상을 구원하셨습니다.

우리 함께 기도해요.

예수님을 선물로 보내 주셔서 감사해요. 모든 사람이 예수님을 믿어 죄를 용서받고 구원받게 해 주세요.

# 금요일

**요한복음 3:25-30**  아름다운 겸손

오늘 본문 말씀을 읽고 답해 보세요.

세례 요한이 바란 것은 무엇이었나요? 30절에서 찾아보세요.

**예수님은 흥하여야 하겠고 나는 쇠하여야 하리라.**

> + 예수님은 점점 더 커지시고, 나는 점점 작아져야 한다는 말이에요. 내가 드러나는 게 아니라 예수님이 더 크게 드러나셔야 한다는 거예요.

한 걸음 더 들어가 볼까요?

어떻게 해야 예수님은 흥하고 우리는 쇠하게 할 수 있을지 돌아가며 이야기해 보세요.

**예를 들면, 나보다 예수님에 대해 더 많이 이야기하고, 나에 대해서는 적게 말하는 거예요.**

★☆★

오늘 꼭 기억해야 할 메시지를 함께 읽어 봅시다.

우리 삶의 목표는, 삶에서 내가 아니라 예수님을 더 드러내는 것입니다.

우리 함께 기도해요.

예수님보다 내가 더 드러나고 칭찬받고 싶은 마음을 내려놓게 해 주세요.

# 토요일

**요한복음 3:31-36** 영생이 걸린 선택

오늘 본문 말씀을 읽고 답해 보세요.

하나님의 아들이신 예수님을 믿는 사람은 무엇을 얻을까요? 36절에서 찾아보세요.

**영생.**

한 걸음 더 들어가 볼까요?

하나님의 아들이신 예수님께 순종하지 않는 사람은 어떻게 될까요? 36절에서 찾아보세요.

**영생을 보지 못하고, 하나님의 진노를 받아요.**

★☆★

오늘 꼭 기억해야 할 메시지를 함께 읽어 봅시다.

예수님을 믿으면 영원히 생명을 누리고, 예수님을 믿지 않으면 하나님의 진노를 받게 됩니다.

우리 함께 기도해요.

예수님을 믿지 않는 _____가(이) 예수님을 믿게 해 주세요. 예수님을 믿고 하나님의 사랑에 들어오게 해 주세요.

# ▢ 주일

**오늘 설교 시간에 들은 성경 본문을 같이 읽어 보겠습니다.**


오늘 교회에서 하나님이 어떤 분이라고 배웠나요?

..................................................................................................

오늘 교회에서 죄가 무엇이라고 배웠나요?

..................................................................................................

오늘 교회에서 예수님이 어떤 분이라고 배웠나요?

..................................................................................................

오늘 교회에서 날마다 어떻게 생각하고 말하고 행동해야 한다고 배웠나요?

..................................................................................................

설교를 듣고 나서 무엇을 가장 크게 깨달았나요?

..................................................................................................

설교를 듣고 나서 뭐라고 하나님께 기도를 드렸나요?

..................................................................................................

**탐험 33.**
# 광야에서 만난 생수

###  탐험 지도

지난주 탐험에서는 예수님이 종교 지도자였던 니고데모와 이야기를 나누셨죠? 이번 탐험에서는 광야에 있는 한 우물가에서 죄를 많이 지은 한 사마리아 여자와 말씀을 나누시는 예수님을 만날 거예요.

**이번 주 우리 집 기도 제목**

이번 주에 함께 곰곰이 생각하고 외워 볼 말씀은 요한복음 4장 14절이에요.

# ▢ 월요일

## **요한복음 4:5-8** 물을 달라고 청하시는 예수님

오늘 본문 말씀을 읽고 답해 보세요.

예수님은 왜 우물 곁에 앉으셨나요? 6절에서 찾아보세요.

**피곤하셔서.**


한 걸음 더 들어가 볼까요?

피곤하셨다는 사실에서 예수님이 어떤 분이시라는 걸 알 수 있나요?

**예수님도 우리처럼 사람이셨어요.**


★☆★

오늘 꼭 기억해야 할 메시지를 함께 읽어 봅시다.

예수님도 우리처럼 피곤하시고, 목마르시고, 배고프셨습니다.


우리 함께 기도해요.

사람의 몸으로 우리에게 오신 예수님, 감사해요! 예수님이 사람으로 사
서서 우리의 마음을 더욱 깊이 공감해 주시니 정말 기쁘고 또, 감사해요.

# ▫ 화요일

오늘 본문 말씀을 읽고 답해 보세요.

예수님은 사마리아 여자에게 무엇을 주겠다고 하셨나요? 10절에서 찾아
보세요.

**생수.**

한 걸음 더 들어가 볼까요?

우리가 예수님이 주시는 물을 마시면 어떻게 될까요? 14절에서 찾아보
세요.

**영원히 목마르지 않아요. 예수님이 주시는 물은 우리 속에서 영생하도록 솟
아나는 샘물이 돼요.**

★☆★

오늘 꼭 기억해야 할 메시지를 함께 읽어 봅시다.

믿음으로 예수님을 영접하면, 예수님이 우리 안에서 생명을 주고 새로
워지게 하는 샘물이 되어 주십니다.

우리 함께 기도해요.

예수님, 저에게 생명의 샘물이 되어 주시고, 제 안에 오셔서 저를 새롭게
해 주세요.

# 수요일

오늘 본문 말씀을 읽고 답해 보세요.

이 여자는 남편이 몇 명 있었나요? 18절에서 찾아보세요.

**다섯 명.**


한 걸음 더 들어가 볼까요?

19절에서 왜 사마리아 여자가 예수님을 "선지자"라고 불렀을까요?

**예수님이 여자가 살아온 삶을 다 알고 계셔서.**


★☆★

오늘 꼭 기억해야 할 메시지를 함께 읽어 봅시다.

예수님은 저의 과거와 현재와 미래, 저의 모든 것을 아십니다.


우리 함께 기도해요.

제가 짓고도 잊어버린 죄, 미처 잘못인지도 모르고 있는 죄를 알려 주세요.

# ▢ 목요일

**요한복음 4:22-27** 예배하는 사람을 찾으시는 예수님


오늘 본문 말씀을 읽고 답해 보세요.

아버지가 무엇을 찾으시나요? 23절에서 찾아보세요.

**아버지께 참되게 예배하는 자들.**


한 걸음 더 들어가 볼까요?

24절에 나오는 영과 진리로 예배한다는 것은 무슨 뜻일까요?

**성령님을 의지해 예배하고, 성경 말씀대로 예배하는 거예요.**


★☆★

오늘 꼭 기억해야 할 메시지를 함께 읽어 봅시다.

하나님은 오늘도 예배하는 사람을 찾으시고, 우리에게 영과 진리로 예배하라고 하십니다.


우리 함께 기도해요.

우리를 찾아내 참된 예배자로 삼아 주신 하나님을 찬양합니다. 더 많은 사람이 하나님께 예배드리게 해 주세요.

### 요한복음 4:28-34  죄인을 구원하시는 예수님

오늘 본문 말씀을 읽고 답해 보세요.

예수님을 만나고 나서 사마리아 여자는 무엇을 했나요? 29절에서 찾아 보세요.

> "내가 행한 모든 일을 내게 말한 사람을 와서 보라. 이는 그리스도가 아니 냐"라고 동네 사람들에게 말했어요.

한 걸음 더 들어가 볼까요?

예수님이 드시는 양식은 무엇인가요? 34절에서 찾아보세요.

> 나(예수님)를 보내신 이(아버지 하나님)의 뜻을 행하며, 그(아버지 하나님)의 일을 온전히 이루는 것.

★☆★

오늘 꼭 기억해야 할 메시지를 함께 읽어 봅시다.

예수님은 사마리아 여자가 구원받고, 가서 전도하는 것을 보고 기뻐하 셨습니다.

우리 함께 기도해요.

예수님, 사마리아 여자를 만나 주시고 저를 만나 주셨듯이, 사랑하는 _____도 만나 주세요.

# ▢ 토요일

## 요한복음 4:39-42 많은 죄인을 구원하시는 예수님

오늘 본문 말씀을 읽고 답해 보세요.

사마리아 여자가 전도했을 때 어떤 일이 일어났나요? 39절에서 찾아보세요.

**그 동네에 사는 많은 사마리아인이 예수를 믿게 되었어요.**

한 걸음 더 들어가 볼까요?

사마리아 사람들이 어떤 신앙 고백을 했나요? 42절에서 찾아보세요.

**예수님이 참으로 세상의 구주이십니다.**

★☆★

오늘 꼭 기억해야 할 메시지를 함께 읽어 봅시다.

예수님은 이 땅에 사는 모든 다양한 사람들을 구원하려고 오셨습니다.

우리 함께 기도해요.

저도 사마리아 여인처럼 저를 만나 주신 예수님을 사람들에게 전하게 해 주세요.

## □ 주일

**오늘 설교 시간에 들은 성경 본문을 같이 읽어 보겠습니다.**

오늘 교회에서 하나님이 어떤 분이라고 배웠나요?

........................................................................................................

오늘 교회에서 죄가 무엇이라고 배웠나요?

........................................................................................................

오늘 교회에서 예수님이 어떤 분이라고 배웠나요?

........................................................................................................

오늘 교회에서 날마다 어떻게 생각하고 말하고 행동해야 한다고 배웠나요?

........................................................................................................

설교를 듣고 나서 무엇을 가장 크게 깨달았나요?

........................................................................................................

설교를 듣고 나서 뭐라고 하나님께 기도를 드렸나요?

........................................................................................................

## 탐험 34.
# 예수님의 놀라우심

###  탐험 지도

고대 탐험가들이 고대 세계의 7대 불가사의를 발견한 것처럼 우리도 이
번 주 탐험에서 예수님의 불가사의를 발견해 봅시다. 많은 사람들이 예
수님이 아픈 사람들을 치료하시는 모습을 보면서 깜짝 놀라고 감탄했어
요. 한편 예수님을 따르던 제자들이 예수님의 놀라운 영광을 두 눈으로
직접 보게 됐고 크게 놀랐어요.

**이번 주 우리 집 기도 제목**

이번 주에 함께 곰곰이 생각하고
외워 볼 말씀은 **마가복음 2장
5절**이에요.

# ◻ 월요일

## 마가복음 1:23-28  놀라운 능력을 가지신 예수님

오늘 본문 말씀을 읽고 답해 보세요.

귀신이 예수님을 뭐라고 불렀나요? 24절에서 찾아보세요.

**하나님의 거룩한 자.**


한 걸음 더 들어가 볼까요?

사람들은 왜 놀랐나요? 27절에서 찾아보세요.

**예수님이 더러운 귀신들에게 명하니 귀신들이 예수님께 순종하는 모습을
보고 놀랐어요.**


★☆★

오늘 꼭 기억해야 할 메시지를 함께 읽어 봅시다.

하나님의 거룩한 자, 예수님만이 거룩하지 않은 영들을 물리치실 수 있
습니다.


우리 함께 기도해요.

거룩하신 하나님, 오늘도 우리 삶을 망치려고 달려드는 모든 거룩하지
않은 영들을 물리쳐 주세요.

# □ 화요일

**마가복음 1:29-35** 매일 혼자 기도하신 예수님

오늘 본문 말씀을 읽고 답해 보세요.

예수님이 날마다 이른 새벽에 일어나 가장 처음 하신 일은 무엇인가요?

35절에서 찾아보세요.

**한적한 곳으로 가셔서 혼자 기도하셨어요.**

한 걸음 더 들어가 볼까요?

예수님이 기도하러 언제 어디로 가셨는지를 보고 우리는 무엇을 배울 수 있을까요? 각자 기도하기에 가장 좋은 시간, 장소, 방법이 무엇일지 돌아가며 이야기해 보세요.

★☆★

오늘 꼭 기억해야 할 메시지를 함께 읽어 봅시다.

예수님이 그러셨던 것처럼 우리도 우리에게 가장 귀한 시간을 드려 혼자 하나님과 만나야 합니다.

우리 함께 기도해요.

저도 예수님처럼 매일 혼자 하나님께 나아가는 시간을 가지겠습니다.

그 시간을 기대하고 기다리게 해 주세요.

# ◻ 수요일

**마가복음 1:40-45**  나병 환자를 치료하신 예수님

오늘 본문 말씀을 읽고 답해 보세요.

예수님이 나병 환자에게 뭐라고 말씀하셨나요? 41절에서 찾아보세요.

**내가 원하노니 깨끗함을 받으라.**

한 걸음 더 들어가 볼까요?

나병과 죄의 비슷한 점은 무엇일까요?

**다른 사람에게 전염되고, 우리를 부정하게 하고, 고통스럽게 합니다. 치료
받고 낫지 않으면 결국 우리를 죽입니다.**

★☆★

오늘 꼭 기억해야 할 메시지를 함께 읽어 봅시다.

죄는 우리를 좀먹어서 끝내 죽게 하는 나쁜 질병과 같습니다.

우리 함께 기도해요.

하나님이 원하시면 저의 죄를 깨끗하게 하실 수 있습니다.

# ⬜ 목요일

**마가복음 2:1-5** 죄인을 용서하신 예수님

오늘 본문 말씀을 읽고 답해 보세요.

예수님이 중풍병자에게 뭐라고 말씀하셨나요? 5절에서 찾아보세요.

<u>**네 죄 사함을 받았느니라.**</u>

한 걸음 더 들어가 볼까요?

우리는 어떻게 해야 예수님께 죄를 용서받을 수 있을까요?

<u>**어떤 죄를 지었는지 모두 아뢰고, 용서를 구해야 해요.**</u>

★☆★

오늘 꼭 기억해야 할 메시지를 함께 읽어 봅시다.

예수님은 우리의 모든 죄를 용서하실 수 있으며, 우리를 약하게 하고 꼼짝 못하게 만드는 죄도 용서하실 수 있습니다.

우리 함께 기도해요.

제가 _____하는 죄를 저질렀어요. 잘못했어요. 회개합니다. 용서해 주세요. 다시 이런 죄를 짓지 않겠습니다.

# ꓒ 금요일

## 마가복음 2:6-12  중풍병자를 일으키신 예수님

오늘 본문 말씀을 읽고 답해 보세요.

예수님은 무엇을 할 권세가 있으신가요? 10절에서 찾아보세요.

**땅에서 죄를 사하는 권세.**


한 걸음 더 들어가 볼까요?

예수님께 사람의 죄를 용서하는 권세가 있다는 것을 어떻게 입증하셨나
요? 10-11절을 읽고 생각해 보세요.

**중풍병자에게 일어나 걸으라고 명령하셨어요.**


★☆★

오늘 꼭 기억해야 할 메시지를 함께 읽어 봅시다.

오직 예수님만이 죄를 용서하는 권세와 능력이 있습니다.


우리 함께 기도해요.

모든 죄와 허물을 용서하시는 권세를 가지신 예수님을 찬양합니다.

# ㅁ 토요일

**마가복음 9:2-8** 하나님의 사랑하는 아들이신 예수님

오늘 본문 말씀을 읽고 답해 보세요.

산에서 변하신 예수님의 모습이 어떠셨나요? 3절에서 찾아보세요.

**옷에서 광채가 났어요. 사람이 빨래를 해서는 그렇게 하얗게 할 수 없을 만큼 옷이 새하얘졌어요.**

한 걸음 더 들어가 볼까요?

하늘로부터 무슨 음성이 들렸나요? 7절에서 찾아보세요.

**이는 내 사랑하는 아들이니 너희는 그의 말을 들으라.**

★☆★

오늘 꼭 기억해야 할 메시지를 함께 읽어 봅시다.

하나님 아버지는 아들이신 예수님을 정말 사랑하시고, 우리가 하나님께 귀 기울일 때 가장 기뻐하십니다.

우리 함께 기도해요.

예수님을 더 사랑하고, 예수님의 말씀을 더 귀 기울여 듣게 해 주세요.

# ◻ 주일

**오늘 설교 시간에 들은 성경 본문을 같이 읽어 보겠습니다.**


오늘 교회에서 하나님이 어떤 분이라고 배웠나요?

.............................................................................................................

오늘 교회에서 죄가 무엇이라고 배웠나요?

.............................................................................................................

오늘 교회에서 예수님이 어떤 분이라고 배웠나요?

.............................................................................................................

오늘 교회에서 날마다 어떻게 생각하고 말하고 행동해야 한다고 배웠나요?

.............................................................................................................

설교를 듣고 나서 무엇을 가장 크게 깨달았나요?

.............................................................................................................

설교를 듣고 나서 뭐라고 하나님께 기도를 드렸나요?

.............................................................................................................

## 탐험 35.
# 잃어버린 것 찾기

### 🧭 탐험 지도

성경을 완벽하게 따르면 방황하거나 길을 잃는 일은 없을 거예요. 하지만 만약에 순종하지 않거나 성경 말씀을 잊어버리는 바람에 길을 잃었다면 어떻게 할까요? 아직 희망이 남아 있을까요? 되돌아갈 수 있을까요? 이번 주에는 예수님이 들려주신 세 가지 비유를 탐험하면서 세 가지 질문에 맞는 답을 찾아보려고 해요. 비유는 하늘의 의미를 담은 땅의 이야기라고 할 수 있어요. 이번 탐험은 산등성이, 집, 머나먼 나라의 돼지 우리로 우리를 부릅니다.

> ### 이번 주 우리 집 기도 제목

이번 주에 함께 곰곰이 생각하고 외워 볼 말씀은 **누가복음 15장 10절**이에요.

# 월요일

오늘 본문 말씀을 읽고 답해 보세요.

목자는 양을 잃어버리면 어떻게 할까요? 4절을 읽고 생각해 보세요.

**안전한 양들을 놔두고, 잃어버린 양을 찾을 때까지 찾아다녀요.**

한 걸음 더 들어가 볼까요?

목자의 반응을 보고 우리의 목자이신 예수님이 어떤 분이심을 알 수 있나요? 5-7절을 읽고 생각해 보세요.

**예수님은 잃어버린 죄인들을 찾아서 죄인들이 안전해질 때 정말 기뻐하세요.**

★☆★

오늘 꼭 기억해야 할 메시지를 함께 읽어 봅시다.

예수님은 잃어버린 양을 찾아 하나님께 데려오기를 좋아하십니다.

우리 함께 기도해요.

선한 목자이신 예수님, 저를 찾아내 주셔서 정말로 기뻐요. 저를 하나님께로 데려가 주세요.

# 화요일

## 누가복음 15:8-10  잃어버린 동전

오늘 본문 말씀을 읽고 답해 보세요.

잃어버린 동전을 찾아낸 여인이 이웃에게 뭐라고 말했나요? 9절에서 찾아보세요.

**나와 함께 즐기자. 잃은 드라크마를 찾아냈다.**

+ 드라크마는 그리스(헬라)의 돈(동전)의 단위예요. 1드라크라는 당시 일꾼이 하루 일한 대가로 받는 액수였어요.

한 걸음 더 들어가 볼까요?

천국은 무엇을 기뻐하나요? 10절을 읽고 생각해 보세요.

**죄인 한 사람이 회개하면 온 천국이 기뻐해요.**

★☆★

오늘 꼭 기억해야 할 메시지를 함께 읽어 봅시다.

회개는 우리 잘못을 뉘우치며 슬퍼하는 것이지만, 우리가 회개할 때 온 천국이 크게 기뻐합니다.

우리 함께 기도해요.

우리가 진심으로 회개하게 도와주세요. 하나님께 돌아가기를 원합니다.

# ◻ 수요일

오늘 본문 말씀을 읽고 답해 보세요.

탕자는 먼 나라에 가서 무엇을 했나요? 13절에서 찾아보세요.

**허랑방탕하여 재산을 낭비했어요.**


한 걸음 더 들어가 볼까요?

탕자의 형편이 얼마나 비참하게 되었나요? 16절에서 찾아보세요.

**돼지가 먹는 쥐엄 열매로 배를 채우려고 했는데, 그마저도 주는 사람이 없었어요.**


★☆★

오늘 꼭 기억해야 할 메시지를 함께 읽어 봅시다.

죄는 우리를 하나님에게서 멀어지게 하고 비참하게 만듭니다.


우리 함께 기도해요.

우리가 어리석은 탕자가 되지 않도록 막아 주세요.

### 누가복음 15:17-21  돌아오는 아들을 발견한 아버지

오늘 본문 말씀을 읽고 답해 보세요.

탕자가 돌아오는 모습을 발견한 아버지는 어떻게 했나요? 20절에서 찾아보세요.

**아직도 거리가 멀었지만 아들을 보자마자 측은히 여겨 달려가 목을 안고 입을 맞추었어요.**

한 걸음 더 들어가 볼까요?

탕자가 아버지에게 뭐라고 말했나요? 21절에서 찾아보세요.

**내가 아버지께 죄를 지었사오니 지금부터는 아버지의 아들이라 일컬음을 감당하지 못하겠어요.**

★☆★

오늘 꼭 기억해야 할 메시지를 함께 읽어 봅시다.

하나님은 겸손하게 회개하는 죄인을 사랑의 품에 맞아 주십니다.

우리 함께 기도해요.

탕자의 아버지처럼 죄인들을 맞아 주셔서 감사해요. 많은 탕자들이 다시 아버지 하나님께로 돌아갈 수 있도록 저를 사용해 주세요.

**누가복음 15:22-27** 돌아온 아들을 즐거워하는 아버지

오늘 본문 말씀을 읽고 답해 보세요.

아버지는 종들더러 돌아온 아들에게 뭘 주라고 했을까요? 22절에서 찾아보세요.

**제일 좋은 옷, 가락지, 신.**

한 걸음 더 들어가 볼까요?

아버지가 또 종들에게 어떻게 말했나요? 23-24절에서 찾아보세요.

**살진 송아지를 끌어다가 잡으라. 우리가 먹고 즐기자. 이 아들은 죽었다가 다시 살아났으며 내가 잃었다가 다시 얻었다.**

★☆☆

오늘 꼭 기억해야 할 메시지를 함께 읽어 봅시다.

하나님은 돌아온 탕자를 즐거운 마음으로 맞아 주십니다.

우리 함께 기도해요.

두 팔 벌려 죄인을 맞아 주시고 구원하여 큰 복을 주시는 하나님을 찬양해요!

# 토요일

**누가복음 15:28-32** 맏아들을 타이르는 아버지

오늘 본문 말씀을 읽고 답해 보세요.

맏아들은 어떻게 반응했나요? 28절에서 찾아보세요.

**화가 나서 잔치가 벌어진 집에 들어가지 않으려 했어요.**

한 걸음 더 들어가 볼까요?

맏아들과 같은 사람은 누구인가요? 2절을 읽고 생각해 보세요.

**바리새인과 서기관들. 교만하고 자기 의를 내세우는 사람들.**

★☆★

오늘 꼭 기억해야 할 메시지를 함께 읽어 봅시다.

다른 죄인이 구원받는 것을 보고 화를 낸다면, 그 사람은 구원받지 못한 사람입니다.

우리 함께 기도해요.

다른 죄인이 회개하는 모습을 보고 진심으로 함께 기뻐하고 감사할 수 있는 마음을 주세요.

## ㅁ 주일

오늘 설교 시간에 들은 성경 본문을 같이 읽어 보겠습니다.

오늘 교회에서 하나님이 어떤 분이라고 배웠나요?

.................................................................................................................

오늘 교회에서 죄가 무엇이라고 배웠나요?

.................................................................................................................

오늘 교회에서 예수님이 어떤 분이라고 배웠나요?

.................................................................................................................

오늘 교회에서 날마다 어떻게 생각하고 말하고 행동해야 한다고 배웠나요?

.................................................................................................................

설교를 듣고 나서 무엇을 가장 크게 깨달았나요?

.................................................................................................................

설교를 듣고 나서 뭐라고 하나님께 기도를 드렸나요?

.................................................................................................................

## 탐험 36.

# 목자, 종, 건축자, 포도나무

### 🧭 탐험 지도

예수님은 눈에 보이는 시각적 이미지로 가르치기를 좋아하셨어요. 이번 주 탐험에서는 예수님을 나타내는 네 가지 이미지를 살펴볼 거예요. 우리를 인도하시는 목자, 우리를 섬기시는 종, 우리를 위해 집을 준비하시는 건축자, 우리 삶이 좋은 열매를 맺게 하는 포도나무입니다.

**이번 주 우리 집 기도 제목**

이번 주에 함께 곰곰이 생각하고 외워 볼 말씀은 요한복음 14장 6절이에요.

### 요한복음 10:1-6  양을 부르시는 목자

오늘 본문 말씀을 읽고 답해 보세요.

왜 양은 목자를 따라가나요? 4절에서 찾아보세요.

**목자의 음성을 알기 때문이에요.**

한 걸음 더 들어가 볼까요?

어떻게 예수님의 음성을 들을 수 있을까요?

**성경을 통해 우리에게 말씀하세요.**

★☆★

오늘 꼭 기억해야 할 메시지를 함께 읽어 봅시다.

예수님의 양은 성경을 통해 예수님의 음성을 듣고 따라갑니다.

우리 함께 기도해요.

성경을 통해 말씀하시는 목자의 음성을 잘 듣고 그분을 잘 따라가게 해 주세요.

## □ 화요일

**요한복음 10:7-13** 양을 구하시는 목자

오늘 본문 말씀을 읽고 답해 보세요.

예수님이 왜 세상에 오셨나요? 10절에서 찾아보세요.

**자신의 양들에게 생명을 얻게 하고, 더 풍성히 얻게 하시려고.**

한 걸음 더 들어가 볼까요?

선한 목자는 어떻게 하나요? 11절에서 찾아보세요.

**양들을 위하여 목숨을 버립니다.**

★☆★

오늘 꼭 기억해야 할 메시지를 함께 읽어 봅시다.

예수님은 양들을 위해 자기 목숨을 버리셔서 양들에게 생명을 주셨습니다.

우리 함께 기도해요.

예수님, 저의 죄를 대신해 죽으시고 부활해 주셔서 감사해요. 주님 덕분에 제가 새 생명을 얻었습니다.

# □ 수요일

### 요한복음 10:14-18　양을 보호하시는 목자

오늘 본문 말씀을 읽고 답해 보세요.

예수님은 누구에게 순종해 목숨을 버리셨나요? 18절을 읽고 생각해 보세요.

**하나님 아버지.**

한 걸음 더 들어가 볼까요?

18절은 예수님의 죽음을 어떻게 말하고 있나요?

**십자가에서 스스로 생명을 버리셨고, 부활하심으로 다시 생명을 얻으셨어요.**

★☆★

오늘 꼭 기억해야 할 메시지를 함께 읽어 봅시다.

하나님께서 우리를 위해 선한 목자 예수님을 주셨습니다. 예수님은 양들을 구하시려고 자기 목숨을 버리셨습니다.

우리 함께 기도해요.

양들인 우리를 구하시려고 함께 희생하신 아버지 하나님과 예수님, 정말 감사해요.

# ☐ 목요일

**요한복음 13:1-7** 발을 씻어 주시는 종

오늘 본문 말씀을 읽고 답해 보세요.

예수님의 사랑은 언제까지 계속되었나요? 1절에서 찾아보세요.

**끝까지.**

한 걸음 더 들어가 볼까요?

예수님은 돌아가시기 전날 밤에 무엇을 하셨나요? 5절에서 찾아보세요.

**제자들의 발을 씻어 주셨어요.**

★☆★

오늘 꼭 기억해야 할 메시지를 함께 읽어 봅시다.

예수님은 십자가에서 돌아가시기 전날 밤 제자들의 발을 씻어 주시면서 흔들림 없는 사랑을 보여 주셨습니다. 우리도 그 예수님을 닮기 원합니다.

우리 함께 기도해요.

끝까지 사랑과 섬김을 보여 주신 예수님, 감사해요. 저도 예수님처럼 섬기고 사랑하게 해 주세요.

# □ 금요일

**요한복음 14:1-6**  집을 준비하시는 건축자

오늘 본문 말씀을 읽고 답해 보세요.

예수님이 하늘에서 무엇을 하고 계신가요? 2절에서 찾아보세요.

**우리의 거처(우리가 살 집)를 예비하고 계세요.**

한 걸음 더 들어가 볼까요?

하나님께 가는 길은 몇 개인가요? 6절에서 찾아보세요.

**하나예요. 예수님뿐이에요.**

★☆★

오늘 꼭 기억해야 할 메시지를 함께 읽어 봅시다.

예수님이 하나님께로 가는 단 하나의 길입니다.

우리 함께 기도해요.

우리가 하나님께 갈 수 있는 길은 예수님뿐이라는 사실을 굳게 믿게 해 주세요.

# □ 토요일

**요한복음 15:1-8** 좋은 포도를 맺게 하는 포도나무

오늘 본문 말씀을 읽고 답해 보세요.

내 삶이 좋은 열매를 맺으려면 어떻게 해야 할까요? 4절을 읽고 생각해 보세요.

**예수님 안에 있어야 해요. 예수님께 붙어 있어야 해요.**

한 걸음 더 들어가 볼까요?

우리가 예수님을 떠나서 무엇을 할 수 있을까요? 5절에서 찾아보세요.

**아무것도 할 수 없어요.**

★☆★

오늘 꼭 기억해야 할 메시지를 함께 읽어 봅시다.

좋은 열매를 맺으려면 반드시 믿음으로 예수님과 하나 되어야 합니다.

우리 함께 기도해요.

믿음으로 예수님과 하나 되어 좋은 열매를 맺게 해 주세요.

# ◻ 주일

**오늘 설교 시간에 들은 성경 본문을 같이 읽어 보겠습니다.**


오늘 교회에서 하나님이 어떤 분이라고 배웠나요?

........................................................................................................

오늘 교회에서 죄가 무엇이라고 배웠나요?

........................................................................................................

오늘 교회에서 예수님이 어떤 분이라고 배웠나요?

........................................................................................................

오늘 교회에서 날마다 어떻게 생각하고 말하고 행동해야 한다고 배웠나요?

........................................................................................................

설교를 듣고 나서 무엇을 가장 크게 깨달았나요?

........................................................................................................

설교를 듣고 나서 뭐라고 하나님께 기도를 드렸나요?

........................................................................................................

## 탐험 37.
# 가장 어두웠던 밤

### 🧭 탐험 지도

이번 주 탐험에서는 우리의 탐험 여행에서 가장 어두컴컴한 곳을 지날 거예요. 고난과 죽음의 길을 가시는 예수님을 따라가 볼 거예요. 몇 년 동안 사람들을 가르치고 병을 고쳐 주시며 하나님 나라를 전하셨던 예수님이 사람들에게 고난을 당하다가 십자가에서 돌아가셨어요. 세상의 빛이 세상의 어두움 때문에 꺼져 버리고 말아요. 그러나 무서워하지 않아도 됩니다. 가장 슬픈 이야기이지만 결국 해피엔딩이에요.

### 이번 주 우리 집 기도 제목

이번 주에 함께 곰곰이 생각하고 외워 볼 말씀은 **마태복음 26장 28절**이에요.

# ◻ 월요일

오늘 본문 말씀을 읽고 답해 보세요.

떡과 잔은 무엇을 나타낼까요? 26-28절에서 찾아보세요.

**그리스도의 몸과 피.**

한 걸음 더 들어가 볼까요?

그리스도의 피로 이뤄지는 것은 무엇인가요? 28절에서 찾아보세요.

**죄 사함.**

★☆★

오늘 꼭 기억해야 할 메시지를 함께 읽어 봅시다.

성찬을 할 때마다 우리 죄를 씻어 주시는 예수님의 죽음의 능력을 기억
해야 합니다.

우리 함께 기도해요.

저의 더러운 죄를 깨끗하게 씻어 주시는 예수님의 능력을 마음 깊이 깨
닫게 해 주세요.

# ⬜ 화요일

**마태복음 26:31-35** 경고하시는 예수님

오늘 본문 말씀을 읽고 답해 보세요.

예수님은 제자들이 곧 어떻게 할 거라고 하셨나요? 31절에서 찾아보세요.

**오늘 밤에 너희가 다 나를 버리리라. 양의 떼가 흩어지리라.**

한 걸음 더 들어가 볼까요?

33절에 베드로가 결코 주를 버리지 않겠다고 말한 이유는 누구를 믿어서일까요?

**자신을 지나치게 믿었기 때문이에요.**

★☆★

오늘 꼭 기억해야 할 메시지를 함께 읽어 봅시다.

우리 가운데 예수님의 제자들처럼 주를 버리고 흩어지지 않을 만큼 강한 사람은 아무도 없습니다.

우리 함께 기도해요.

저는 너무 약해요. 제가 주님을 버리지 않도록 힘과 용기를 주세요.

# ⧠ 수요일

오늘 본문 말씀을 읽고 답해 보세요.

어떻게 하면 시험에 들지 않을 수 있나요? 41절에서 찾아보세요.

**깨어 기도해야 해요.**

한 걸음 더 들어가 볼까요?

제자들은 왜 잠들었나요? 41절을 읽고 생각해 보세요.

**인간의 몸은 약하기 때문이에요.**

★☆★

오늘 꼭 기억해야 할 메시지를 함께 읽어 봅시다.

늘 깨어 기도하는 사람은 영적 삶이 건강하고 튼튼합니다.

우리 함께 기도해요.

영적으로 잠들지 않게 해 주세요. 늘 깨어 기도하게 해 주세요.

# 목요일

**마태복음 26:42-46** 죽음을 준비하시는 예수님

오늘 본문 말씀을 읽고 답해 보세요.

예수님이 뭐라고 기도하셨나요? 42절에서 찾아보세요.

**내가 마시지 않고는 이 잔이 내게서 지나갈 수 없거든 아버지의 원대로 되기를 원하나이다.**

한 걸음 더 들어가 볼까요?

힘들고 고통스러울 때 우리는 어떻게 해야 할까요?

**하나님 아버지께 기도해야 해요.**

★☆★

오늘 꼭 기억해야 할 메시지를 함께 읽어 봅시다.

힘들고 속상한 날에도 하나님 아버지께 기도하겠습니다.

우리 함께 기도해요.

가장 고통스러운 순간에도 기도할 수 있는 하나님 아버지가 계셔 주셔서 감사해요.

# □ 금요일

**마태복음 26:47-50** 배신당하신 예수님

오늘 본문 말씀을 읽고 답해 보세요.

유다는 예수님께 어떻게 행동하고 말했나요? 49절에서 찾아보세요.

**"랍비여, 안녕하시옵니까" 인사하고 입을 맞추었어요.**

+ 랍비는 선생님이라는 뜻으로, 존경하는 마음을 담은 표현이에요.


한 걸음 더 들어가 볼까요?

50절에서 왜 예수님은 배신자 유다를 "친구여"라고 부르셨을까요?

**유다가 마음을 바꿔서 죄를 떠나 예수님께 다시 돌아오기를 바라셨어요.**


★☆★

오늘 꼭 기억해야 할 메시지를 함께 읽어 봅시다.

예수님의 사랑은 자신을 배신한 유다를 "친구"라 부르시는 엄청난 사랑입니다.


우리 함께 기도해요.

자신을 배신한 유다를 품어 주신 예수님, 예수님을 배신한 저를 받아 주셔서 감사해요.


탐험 37. 가장 어두웠던 밤                                                        311

# ▢ 토요일

**마태복음 26:51-56** 버림받으신 예수님

오늘 본문 말씀을 읽고 답해 보세요.

제자들은 어떻게 했나요? 56절에서 찾아보세요.

**다 예수님을 버리고 도망갔어요.**

한 걸음 더 들어가 볼까요?

예수님을 버리고 도망가라고 유혹하는 것이 주변에 있나요? 돌아가며
이야기해 보세요.

> + 친구들 사이에서, 친척들 사이에서, 직장에서 예수님을 버리고 도망치라고 마음에 속삭
> 이는 것이 무엇인지 나눠 보세요.

★☆★

오늘 꼭 기억해야 할 메시지를 함께 읽어 봅시다.

예수님이 죄인들을 구해 주려고 오셨는데, 정작 그 죄인들은 예수님을
버리고 도망갔습니다.

우리 함께 기도해요.

어떤 상황에서도 끝까지 예수님을 믿고 따를 수 있는 용기를 주세요.

## ❏ 주일

**오늘 설교 시간에 들은 성경 본문을 같이 읽어 보겠습니다.**


오늘 교회에서 하나님이 어떤 분이라고 배웠나요?

.................................................................................................

오늘 교회에서 죄가 무엇이라고 배웠나요?

.................................................................................................

오늘 교회에서 예수님이 어떤 분이라고 배웠나요?

.................................................................................................

오늘 교회에서 날마다 어떻게 생각하고 말하고 행동해야 한다고 배웠나요?

.................................................................................................

설교를 듣고 나서 무엇을 가장 크게 깨달았나요?

.................................................................................................

설교를 듣고 나서 뭐라고 하나님께 기도를 드렸나요?

.................................................................................................

## 탐험 38.
# 가장 불의한 재판

###  탐험 지도

예수님은 유대인의 법정, 왕의 법정, 로마 법정, 이렇게 세 번이나 재판
을 받으셨어요. 세 번의 재판 모두 공정하지 못했고, 정당한 이유도 없이
예수님께 죄가 있다고 판결을 내렸어요.

**이번 주 우리 집 기도 제목**

이번 주에 함께 곰곰이 생각하
고 외워 볼 말씀은 **베드로전서
2장 23절**이에요.

오늘 본문 말씀을 읽고 답해 보세요.

예수님을 고발한 증인들은 어떤 사람들이었나요? 59-60절을 읽고 생각해 보세요.

**그들은 모두 거짓 증인이었고, 예수님에 대해 거짓말을 했어요.**

한 걸음 더 들어가 볼까요?

유대인 지도자들은 왜 이런 일을 벌였나요? 59절에서 찾아보세요.

**예수님을 죽이려고.**

★☆★

오늘 꼭 기억해야 할 메시지를 함께 읽어 봅시다.

예수님은 세상에서 가장 진실한 분인데도 사람들은 예수님에 대해 거짓말을 했습니다.

우리 함께 기도해요.

우리가 항상 진실을 말하게 해 주세요. 절대로 거짓말하지 않게 해 주세요.

# 화요일

**마태복음 26:62-68** 예수님, 형을 선고받으시다

오늘 본문 말씀을 읽고 답해 보세요.

예수님이 나쁜 일을 했다고 사람들이 거짓말을 하며 몰아세울 때 예수님은 어떻게 하셨나요? 63절에서 찾아보세요.

**침묵하셨어요.**

한 걸음 더 들어가 볼까요?

예수님을 비난하는 사람들에게 마지막으로 어떤 말을 남기셨나요? 64절을 읽고 생각해 보세요.

**예수님이 세상을 심판하러 다시 오실 것이라고 경고하셨어요.**

★☆★

오늘 꼭 기억해야 할 메시지를 함께 읽어 봅시다.

예수님은 나쁜 사람들이 자신을 죽이려고 하는 것을 아시면서도 자신을 변호하는 대신 앞으로 그들에게 임할 하나님의 심판을 경고해 주셨습니다.

우리 함께 기도해요.

사람들이 나를 괴롭히고 나에 대해 거짓말을 할 때 모든 것을 다 아시는 하나님을 믿고 기도하게 해 주세요.

**마태복음 26:69-75** 예수님, 제자에게 부인당하시다

오늘 본문 말씀을 읽고 답해 보세요.

베드로가 예수님을 모른다고 하면서 어떻게 했나요? 74절에서 찾아보세요.

**저주하고 맹세했어요.**

한 걸음 더 들어가 볼까요?

자신의 죄를 깨닫고 베드로는 어떻게 했나요? 75절에서 찾아보세요.

**밖에 나가서 심히 통곡했어요.**

★☆★

오늘 꼭 기억해야 할 메시지를 함께 읽어 봅시다.

죄를 지으면 슬퍼하며 회개해야 합니다.

우리 함께 기도해요.

언제 어디서든 예수님을 안다고 말할 수 있는 용기를 주세요. 거짓말하지 않게 해 주세요. 혹시라도 거짓말했을 때는 슬퍼하며 죄를 털어놓을 수 있는 용기를 주세요.

# ☐ 목요일

**마태복음 27:1-5** 예수님, 빌라도에게 넘겨지시다

오늘 본문 말씀을 읽고 답해 보세요.

유다는 마침내 무엇을 깨달았나요? 4절에서 찾아보세요.

**무죄한 피를 팔고 죄를 지었음을 깨달았어요.**

+ 무죄한 피를 팔았다는 건 죄 없는 예수님을 팔았다는 뜻이에요.

한 걸음 더 들어가 볼까요?

그래서 유다는 어떻게 했나요? 5절에서 찾아보세요.

**스스로 목매 죽었어요.**

★☆★

오늘 꼭 기억해야 할 메시지를 함께 읽어 봅시다.

회개는 단순히 후회가 아닙니다. 후회만 하고 예수님께 가까이 가지 않는 것은 더 어리석은 일입니다.

우리 함께 기도해요.

잘못했을 때는 마음 깊이 회개하게 해 주세요. 회개할 때 다시 그리스도와 생명을 주시는 좋으신 하나님, 감사해요.

# 금요일

**마태복음 27:12-17** 예수님, 침묵하시다

오늘 본문 말씀을 읽고 답해 보세요.

빌라도 총독이 왜 그토록 크게 놀라워했나요? 12, 14절에서 찾아보세요.

**많은 사람들이 고발하는 소리를 듣고도 예수님이 한마디도 대답하지 않으셨기 때문에요.**

한 걸음 더 들어가 볼까요?

12, 14절에서 구약의 어떤 예언이 이루어졌나요? 이사야 53장 7절에서 찾아보세요.

**침묵하신 예수님.**

★☆★

오늘 꼭 기억해야 할 메시지를 함께 읽어 봅시다.

예수님의 죽음은 하나님이 구약에서 주신 예언을 이루신 것입니다.

우리 함께 기도해요.

예수님의 죽음이 실패가 아님을 믿어요. 예수님의 죽음까지도 우리를 위한 하나님의 큰 계획 안에 있는 일임을 믿어요.

# ㅁ 토요일

**마태복음 27:19-26** 예수님 대신 다른 사람을 놓아주다

오늘 본문 말씀을 읽고 답해 보세요.

백성은 예수님 대신 누구를 놓아주라고 아우성을 쳤나요? 20, 26절에서 찾아보세요.

**바라바라는 악한 죄수.**

한 걸음 더 들어가 볼까요?

사람들이 바라바를 풀어 주라고 선택하는 모습을 보면서 어떤 생각이 들었나요? 요한복음 3장 19절에서 찾아보세요.

**사람들이 자기 행위가 악하므로 빛보다 어둠을 더 사랑합니다.**

★☆★

오늘 꼭 기억해야 할 메시지를 함께 읽어 봅시다.

우리는 빛보다 어둠을 더 사랑하는 죄인입니다. 그런 우리를 살리시려 예수님이 대신 죽으셨습니다.

우리 함께 기도해요.

우리는 어리석어서 빛보다 어둠을 더 좋아하고, 진리보다 거짓말을 더 좋아하고, 거룩함보다 죄를 더 좋아해요. 용서해 주세요.

**오늘 설교 시간에 들은 성경 본문을 같이 읽어 보겠습니다.**

오늘 교회에서 하나님이 어떤 분이라고 배웠나요?

.............................................................................................................................

오늘 교회에서 죄가 무엇이라고 배웠나요?

.............................................................................................................................

오늘 교회에서 예수님이 어떤 분이라고 배웠나요?

.............................................................................................................................

오늘 교회에서 날마다 어떻게 생각하고 말하고 행동해야 한다고 배웠나요?

.............................................................................................................................

설교를 듣고 나서 무엇을 가장 크게 깨달았나요?

.............................................................................................................................

설교를 듣고 나서 뭐라고 하나님께 기도를 드렸나요?

.............................................................................................................................

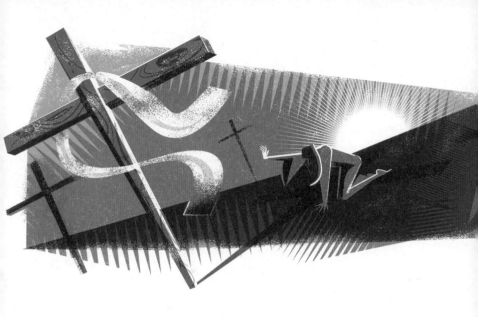

## 탐험 39.
# 가장 슬픈 죽음

### 🧭 탐험 지도

이번 주에 탐험할 곳은 더욱더 어두워요. 예수님이 재판을 받으신 후 사람들에게 고문당하시고 십자가에서 돌아가셨어요. 예수님이 우리를 살리시려고 우리 대신 걸어가신 그 십자가의 길을 따라가 보겠습니다.

이번 주 우리 집 기도 제목

이번 주에 함께 곰곰이 생각하고 외워 볼 말씀은 **누가복음 23장 42절**이에요.

# 🔲 월요일

오늘 본문 말씀을 읽고 답해 보세요.

군병들이 예수님의 머리에 무엇을 씌웠나요? 29절에서 찾아보세요.

**가시관.**

한 걸음 더 들어가 볼까요?

사람들이 예수님을 놀리고 조롱할 때 예수님은 어떻게 반응하셨나요?

베드로전서 2장 23절에서 찾아보세요.

**욕을 당하시되 맞대어 욕하지 아니하시고, 고난을 당하시되 위협하지 아니**
**하시고, 오직 공의로 심판하시는 하나님께 부탁하셨어요.**

★☆★

오늘 꼭 기억해야 할 메시지를 함께 읽어 봅시다.

예수님은 참을 수 없는 고통과 모욕을 당하시면서도 나를 위해 다 참아
내셨습니다.

우리 함께 기도해요.

힘든 일이 닥칠 때 예수님을 따라 잘 견딜 수 있게 해 주세요.

**마태복음 27:34-38** 십자가에 못 박히신 예수님

오늘 본문 말씀을 읽고 답해 보세요.

군병들이 십자가 위에 뭐라고 썼나요? 37절에서 찾아보세요.

이는 유대인의 왕 예수라.

한 걸음 더 들어가 볼까요?

그 말은 진실일까요?

절반의 진실이에요. 예수님은 유대인의 왕이시지만 또한 유대인이 아닌 세
상 모든 사람들의 왕이십니다.

★☆★

오늘 꼭 기억해야 할 메시지를 함께 읽어 봅시다.

우리가 당해야 할 고통과 창피함을 대신 당하신 예수님이야말로 우리의
진정한 영광의 왕이십니다.

우리 함께 기도해요.

나 같은 죄인을 위해 고난당하신 예수님, 왕이신 예수님께 엎드리며 예
배합니다.

### 마태복음 27:39-44  조롱당하신 예수님

오늘 본문 말씀을 읽고 답해 보세요.

함께 십자가에 못 박힌 강도들이 어떻게 했나요? 44절에서 찾아보세요.

**예수님을 욕했어요.**

한 걸음 더 들어가 볼까요?

44절은 구약의 어떤 예언이 이루어진 것인가요? 이사야 53장 12절에서 찾아보세요.

**그가 범죄자 중 하나로 헤아림을 받았다.**

★☆★

오늘 꼭 기억해야 할 메시지를 함께 읽어 봅시다.

예수님은 최악의 범죄자들을 구원하시려고, 우리가 저지른 최악의 죄를 대신 지시고 최악의 범죄자 취급을 당하셨습니다.

우리 함께 기도해요.

죄 없으신 주님이 죄인인 우리를 구하려고 해 주신 그 모든 일들을 기억하겠습니다.

### 누가복음 23:39-43  강도를 구원하신 예수님

오늘 본문 말씀을 읽고 답해 보세요.

죽어 가는 강도 가운데 한 명이 예수님께 뭐라고 말했나요? 42절에서 찾아보세요.

**예수여, 당신의 나라에 임하실 때에 나를 기억하소서.**

한 걸음 더 들어가 볼까요?

회개하는 강도에게 예수님이 뭐라고 말씀하셨나요? 43절에서 찾아보세요.

**오늘 네가 나와 함께 낙원에 있으리라.**

★☆★

오늘 꼭 기억해야 할 메시지를 함께 읽어 봅시다.

죄짓는 자리에서 돌이켜 예수님의 큰 자비에 나를 맡기기에 너무 늦은 때란 없습니다.

우리 함께 기도해요.

예수님을 모르고 죽어 가는 모든 사람들을 꼭 구원해 주세요.

# □ 금요일

## 마태복음 27:45-49  버림받으신 예수님

오늘 본문 말씀을 읽고 답해 보세요.

예수님이 하나님께 뭐라고 하셨나요? 46절에서 찾아보세요.

**나의 하나님, 나의 하나님, 어찌하여 나를 버리셨나이까.**

한 걸음 더 들어가 볼까요?

왜 예수님이 아버지 하나님께 버림받는 고난을 당하셔야 했나요?

**원래는 내가 죄 때문에 하나님께 버림받아야 했는데, 예수님이 나 대신 버림받으신 거예요.**

★☆★

오늘 꼭 기억해야 할 메시지를 함께 읽어 봅시다.

예수님이 나 대신 버림받으시고, 예수님이 계셔야 할 자리, 바로 하나님 곁에 나를 데려다 주셨습니다.

우리 함께 기도해요.

이렇게까지 저를 사랑하시는데 저는 예수님이 하신 일을 너무 당연하게 생각했어요. 용서해 주세요. 이 좋으신 주님을 다른 사람들도 믿게 해 주세요.

# 🔲 토요일

마태복음 27:50-56  십자가에서 돌아가신 예수님

오늘 본문 말씀을 읽고 답해 보세요.

예수님이 돌아가실 때 놀라운 표적들이 나타났어요. 어떤 것들인가요?
51-52절에서 찾아보세요.

**성소 휘장이 위로부터 아래까지 찢어져 둘이 되고, 땅이 진동하며 바위가
터지고(큰 지진이 일어났고), 무덤들이 열리며 죽은 성도들이 살아났어요.**

한 걸음 더 들어가 볼까요?

이 모든 표적들을 보고 난 백부장이 뭐라고 말했나요? 54절에서 찾아보
세요.

**이는 진실로 하나님의 아들이었도다.**

★☆★

오늘 꼭 기억해야 할 메시지를 함께 읽어 봅시다.

예수님의 죽음으로 온 세상이 흔들렸고, 백부장의 마음도 흔들렸습니다.

우리 함께 기도해요.

_____도 예수님의 죽음의 능력을 받아들이고 하나님을 믿게 해
주세요.

# ⬜ 주일

**오늘 설교 시간에 들은 성경 본문을 같이 읽어 보겠습니다.**

오늘 교회에서 하나님이 어떤 분이라고 배웠나요?

......................................................................................................................

오늘 교회에서 죄가 무엇이라고 배웠나요?

......................................................................................................................

오늘 교회에서 예수님이 어떤 분이라고 배웠나요?

......................................................................................................................

오늘 교회에서 날마다 어떻게 생각하고 말하고 행동해야 한다고 배웠나요?

......................................................................................................................

설교를 듣고 나서 무엇을 가장 크게 깨달았나요?

......................................................................................................................

설교를 듣고 나서 뭐라고 하나님께 기도를 드렸나요?

......................................................................................................................

# 눈부시게 환한
# 아침

### ⊘ 탐험 지도

결국 우리의 왕이 돌아가셨어요. 하지만 우리의 왕은 영원한 왕이시라
는 약속, 기억하나요? 지난주 탐험은 예수님의 죽음으로 슬프고 답답하
고 캄캄했지만, 이번 주 탐험에서는 다시 해가 솟아올라요! 심지어 전보
다 더 밝게 빛날 거예요. 자, 함께 떠나 봅시다.

**이번 주 우리 집 기도 제목**

이번 주에 함께 곰곰이 생각하고
외워 볼 말씀은 **마태복음 28장
19절**이에요.

# ☐ 월요일

오늘 본문 말씀을 읽고 답해 보세요.

요셉이 예수님의 시신을 어떻게 했나요? 60절에서 찾아보세요.

**바위 속에 판 자기 새 무덤에 넣어 두었어요.**

한 걸음 더 들어가 볼까요?

요셉이 무덤의 문을 어떻게 닫았나요? 60절에서 찾아보세요.

**큰 돌을 굴려 무덤 문에 놓았어요.**

★☆★

오늘 꼭 기억해야 할 메시지를 함께 읽어 봅시다.

예수님이 우리보다 앞서 고난을 겪으시고, 죽으시고, 무덤에 묻히셨습니다.

우리 함께 기도해요.

우리를 죽음에서 구하시려고 죽음을 직접 겪으신 예수님, 정말 감사해요.

+ 히브리서 2장 9절을 같이 읽으세요.

# 화요일

마태복음 27:62-66 막아 놓은 무덤

오늘 본문 말씀을 읽고 답해 보세요.

바리새인들은 무엇을 기억했나요? 63절에서 찾아보세요.

**예수님이 "내가 사흘 후에 다시 살아나리라" 말씀하신 것.**

한 걸음 더 들어가 볼까요?

바리새인들이 무덤을 어떻게 했나요? 66절에서 찾아보세요.

**경비병과 함께 가서 돌을 인봉하고 무덤을 굳게 지켰어요.**

★☆★

오늘 꼭 기억해야 할 메시지를 함께 읽어 봅시다.

하나님이 바리새인을 사용하셔서 예수님이 정말로 죽으셨다는 사실과,
아무도 시신을 훔쳐가지 않았다는 증거를 남기셨습니다.

우리 함께 기도해요.

바리새인의 악한 계획까지도 사용하셔서 하나님의 선한 계획을 이루신
하나님을 찬양해요!

# ❒ 수요일

## 마태복음 28:1-4  열린 무덤

오늘 본문 말씀을 읽고 답해 보세요.

누가 돌을 굴려 냈나요? 2절에서 찾아보세요.

**주의 천사.**


한 걸음 더 들어가 볼까요?

경비병들이 어떻게 되었나요? 4절에서 찾아보세요.

**지키던 자들이 주의 천사를 무서워하여 떨며 죽은 사람과 같이 되었어요.**


★☆★

오늘 꼭 기억해야 할 메시지를 함께 읽어 봅시다.

예수님을 믿지 않는 사람들에게는 예수님이 죽었다가 다시 살아나신 사건이 무서운 일입니다.


우리 함께 기도해요.

아직 예수님을 믿지 않는 _____가 예수님을 믿게 해 주세요. _____에게 부활이 무서운 것이 아니라 오히려 위로가 되게 해 주세요.

# ▯ 목요일

**마태복음 28:5-8**  빈 무덤


오늘 본문 말씀을 읽고 답해 보세요.

온 우주에서 가장 놀라운 말이 6절에 나와요. 무엇인가요?

**그가 여기 계시지 않고 그가 말씀하시던 대로 살아나셨느니라.**


한 걸음 더 들어가 볼까요?

예수님의 부활 소식을 들은 우리는 어떻게 해야 할까요? 8절을 읽고 생
각해 보세요.

**예수님의 부활을 크게 기뻐하며, 빨리 다른 사람들에게 이 좋은 소식을 알
려야 해요.**


★☆★

오늘 꼭 기억해야 할 메시지를 함께 읽어 봅시다.

예수님의 부활은 믿는 모든 사람들에게 큰 기쁨입니다.


우리 함께 기도해요.

예수님께서 죽음 가운데 다시 살아나시고, 예수님을 믿는 우리도 영원
히 살게 하시니 너무 기뻐요! 감사합니다!

**마태복음 28:9-15 큰 기쁨**

오늘 본문 말씀을 읽고 답해 보세요.

여자들이 예수님을 보고 어떻게 했나요? 9절에서 찾아보세요.

**나아가 예수님 발을 붙잡고 경배했어요.**

한 걸음 더 들어가 볼까요?

예수님이 여자들에게 뭐라고 말씀하셨나요? 10절에서 찾아보세요.

**무서워하지 말라. 가서 내 형제들에게 갈릴리로 가라 하라. 거기서 나를 보리라.**

★☆☆

오늘 꼭 기억해야 할 메시지를 함께 읽어 봅시다.

예수님의 부활은 우리의 모든 두려움을 쫓아내고, 우리가 하나님을 예배하게 합니다.

우리 함께 기도해요.

하나님을 예배하게 하고 두려움을 쫓아내는 예수님의 부활의 능력을 매일매일 더 많이 알게 해 주세요.

+ 빌립보서 3장 10절을 같이 읽으세요.

**마태복음 28:16-20** 큰 명령

오늘 본문 말씀을 읽고 답해 보세요.

예수님이 제자들에게 내리신 명령은 무엇인가요? 19-20절에서 찾아보세요.

> **너희는 가서 모든 민족을 제자로 삼아, 아버지와 아들과 성령의 이름으로 세례를 베풀고, 내가 너희에게 분부한 모든 것을 가르쳐 지키게 하라.**

한 걸음 더 들어가 볼까요?

예수님의 명령에 순종하는 사람들에게 예수님이 어떤 큰 위로를 주시나요? 20절에서 찾아보세요.

> **내가 세상 끝날까지 너희와 항상 함께 있으리라.**

★☆★

오늘 꼭 기억해야 할 메시지를 함께 읽어 봅시다.

예수님이 어려운 명령을 내리실 때는, 명령에 순종하는 사람에게 힘과 위로가 되는 약속도 함께 주십니다.

우리 함께 기도해요.

예수님 말씀에 순종하고, 예수님의 약속을 믿게 해 주세요.

## ◻ 주일

오늘 설교 시간에 들은 성경 본문을 같이 읽어 보겠습니다.

오늘 교회에서 하나님이 어떤 분이라고 배웠나요?

.................................................................................

오늘 교회에서 죄가 무엇이라고 배웠나요?

.................................................................................

오늘 교회에서 예수님이 어떤 분이라고 배웠나요?

.................................................................................

오늘 교회에서 날마다 어떻게 생각하고 말하고 행동해야 한다고 배웠나요?

.................................................................................

설교를 듣고 나서 무엇을 가장 크게 깨달았나요?

.................................................................................

설교를 듣고 나서 뭐라고 하나님께 기도를 드렸나요?

.................................................................................

# 온 세상을 위한 복음

## ⊘ 탐험 지도

지금까지 우리가 탐험해 온 사건들이 일어난 곳은, 주로 중동에 있는 작은 나라 이스라엘이었어요. 그런데 이제 예수님의 제자였던 사도들이 예수님의 명령을 따라 복음을 온 세상에 전하려고 해요. 사도행전 탐험은 예수님이 하늘로 올라가시면서 제자들에게 하신 두 가지 약속부터 시작할 거예요. 첫 번째는, 그들이 성령을 받아 그리스도의 증인이 될 거라는 약속(사도행전 1장 8절), 두 번째는, 예수님이 이 땅을 떠나신 방식 그대로 다시 이 땅에 오실 거라는 약속(사도행전 1장 11절)이에요. 이번 주에는 첫 번째 약속이 놀랍게 이루어진 오순절 날 사건을 탐험해 봅시다.

### 이번 주 우리 집 기도 제목

이번 주에 함께 곰곰이 생각하고 외워 볼 말씀은 **사도행전 2장 21절**이에요.

**사도행전 2:1-6**  성령 충만 (1)

오늘 본문 말씀을 읽고 답해 보세요.

제자들은 무엇으로 충만했나요? 4절에서 찾아보세요.

**성령.**

한 걸음 더 들어가 볼까요?

오순절 날 일어난 이 광경은 우리에게 무엇을 가르쳐 주나요? 2-3절을 읽고 생각해 보세요.

**성령이 임하시는 건 아주 특별한 사건이에요.**

★☆★

오늘 꼭 기억해야 할 메시지를 함께 읽어 봅시다.

성령은 하나님이 우리에게 주신 아주 큰 선물입니다.

우리 함께 기도해요.

우리 가정에도 성령을 강하게 부어 주세요.

# ◻ 화요일

**사도행전 2:7-13** 성령 충만 (2)

오늘 본문 말씀을 읽고 답해 보세요.

사람들이 왜 놀라고 신기하게 여겼나요? 7-8절을 읽고 생각해 보세요.

그 자리에는 다양한 나라에서 태어난 사람들이 모여 있었는데, 갈릴리 지역 사람인 사도들이 하는 말이 이 다양한 사람들에게 각자 자기가 태어난 나라의 언어로 들렸어요.

한 걸음 더 들어가 볼까요?

사도들이 어떤 이야기를 전했나요? 11절에서 찾아보세요.

하나님의 큰일.

★☆★

오늘 꼭 기억해야 할 메시지를 함께 읽어 봅시다.

성령이 임하시면 사람들이 하나님의 큰일을 맡아 하게 됩니다.

우리 함께 기도해요.

하나님의 큰일을 미처 깨닫지 못해 비웃지 않게 해 주세요. 깨닫고 놀라는 마음을 주세요.

# ▢ 수요일

오늘 본문 말씀을 읽고 답해 보세요.

오순절에 성취된 예언은 어느 선지자가 한 말이었나요? 16절에서 찾아
보세요.

**요엘.**

+ 요엘 2장 27-32절을 같이 읽으세요.

한 걸음 더 들어가 볼까요?

주의 이름을 부르는 모든 사람에게 무엇을 약속하셨나요? 21절에서 찾
아보세요.

**구원을 받을 것이다.**

★☆★

오늘 꼭 기억해야 할 메시지를 함께 읽어 봅시다.

복음은 누구든지 주의 이름을 부르면 구원받으리라 약속합니다.

우리 함께 기도해요.

많은 사람이 예수님의 이름을 부르고, 구원의 약속을 믿게 해 주세요.

# 목요일

**사도행전 2:22-24, 36-39** 복음 충만

오늘 본문 말씀을 읽고 답해 보세요.

이스라엘 사람들이 예수님을 죽였다고 베드로가 이야기하자 그들은 어떤 반응을 보였나요? 37절에서 찾아보세요.

**마음에 찔려 "우리가 어찌할꼬"라고 물었어요.**

한 걸음 더 들어가 볼까요?

베드로가 그들에게 전하려는 내용은 무엇이었나요? 38절에서 찾아보세요.

**회개하여, 각각 예수 그리스도의 이름으로 세례를 받고, 죄 사함을 받으라. 그리하면 성령의 선물을 받을 것이다.**

★☆★

오늘 꼭 기억해야 할 메시지를 함께 읽어 봅시다.

죄를 알려 주실 때 회개하면 온전한 용서와 성령의 능력을 받습니다.

우리 함께 기도해요.

성령님, 우리 죄와 잘못을 깨닫게 해 주세요. 우리가 성령의 능력으로 충만하게 해 주세요.

# 금요일

오늘 본문 말씀을 읽고 답해 보세요.

그날 얼마나 많은 사람이 신도가 되었나요? 41절에서 찾아보세요.

+ 신도란 예수님을 믿고 따르는 사람이라는 뜻이에요.

3,000명.

한 걸음 더 들어가 볼까요?

사람들이 마음이 변화돼 예수님을 믿게 되자 무슨 일이 일어났나요? 42절에서 찾아보세요.

서로 교제하고, 떡을 떼며, 기도하기를 힘썼어요.

+ 떡을 뗀다는 건 성찬을 한다는 뜻이에요.

★☆★

오늘 꼭 기억해야 할 메시지를 함께 읽어 봅시다.

사람들이 예수님을 믿게 되면 예수님의 교회에 함께합니다.

우리 함께 기도해요.

우리 교회가 예수님을 잘 믿고 따르게 해 주세요.

# 토요일

**사도행전 2:44-47** 사랑으로 충만한 교회

오늘 본문 말씀을 읽고 답해 보세요.

사람들이 자신의 재산과 소유를 어떻게 했나요? 44-45절에서 찾아보세요.

**모든 물건을 서로 통용하고, 자기 재산과 소유를 팔아서 각 사람의 필요를 따라 나눠 주었어요.**

+ 통용한다는 건 같이 나누어 쓴다는 뜻이에요.

한 걸음 더 들어가 볼까요?

처음 교회의 모습은 어땠나요? 46-47절을 읽고 생각해 보세요..

**사람들 마음이 하나가 되었어요. 성전에 모이기를 힘쓰고, 집에서 함께 떡을 떼고 기쁘고 순전한 마음으로 함께 식사를 했어요. 하나님을 찬양하며 모든 사람에게 칭찬을 받았어요. 그들은 행복했어요.**

★☆★

오늘 꼭 기억해야 할 메시지를 함께 읽어 봅시다.

진짜 믿음은 사람들과 사랑으로 하나 되게 합니다.

우리 함께 기도해요.

교회에 다니는 사람들이 예수님의 사랑으로 모든 일에 하나 되게 해 주세요.

## ☐ 주일

**오늘 설교 시간에 들은 성경 본문을 같이 읽어 보겠습니다.**

오늘 교회에서 하나님이 어떤 분이라고 배웠나요?

.......................................................................................................

오늘 교회에서 죄가 무엇이라고 배웠나요?

.......................................................................................................

오늘 교회에서 예수님이 어떤 분이라고 배웠나요?

.......................................................................................................

오늘 교회에서 날마다 어떻게 생각하고 말하고 행동해야 한다고 배웠나요?

.......................................................................................................

설교를 듣고 나서 무엇을 가장 크게 깨달았나요?

.......................................................................................................

설교를 듣고 나서 뭐라고 하나님께 기도를 드렸나요?

.......................................................................................................

## 탐험 42.
# 박해자에서 전도자로

### 🧭 탐험 지도

다메섹으로 가는 길에서 가장 유명한 회심 사건이 일어났어요. 회심이란 예수님을 안 믿던 사람이 믿기로 마음을 바꾼다는 거예요. 이번 주 탐험에서는 우리도 그 길로 같이 걸어가면서 예수님 믿는 사람을 괴롭히고 심지어 죽이던 사울을 하나님이 어떻게 온 세상에 복음을 전하는 위대한 전도자 바울로 바꾸셨는지 살펴봅시다.

**이번 주 우리 집 기도 제목**

이번 주에 함께 곰곰이 생각하고 외워 볼 말씀은 **사도행전 9장 15절**이에요.

## □ 월요일

오늘 본문 말씀을 읽고 답해 보세요.

사울이 처음에 뭐라고 물었나요? 5절에서 찾아보세요.

**주여, 누구시니이까.**

한 걸음 더 들어가 볼까요?

어째서 예수님 믿는 사람을 괴롭히는 것이 예수님을 괴롭히는 것과 같을까요? 5절을 읽고 생각해 보세요.

**예수님 믿는 우리를 예수님 몸의 일부로 생각하시기 때문이에요.**

★☆★

오늘 꼭 기억해야 할 메시지를 함께 읽어 봅시다.

예수님은 그분의 백성을 그분 몸의 일부로 생각하십니다.

  + 고린도전서 6장 15절을 같이 읽으세요.

우리 함께 기도해요.

예수님 믿는다는 이유로 놀림당하고 괴롭힘당하는 사람들이 자신이 예수님 몸의 일부라는 사실에 위로를 받게 해 주세요.

# □ 화요일

**사도행전 9:6-9** 눈먼 사울

오늘 본문 말씀을 읽고 답해 보세요.

예수님이 사울에게 어떻게 하라고 지시하셨나요? 6절에서 찾아보세요.

**일어나 시내로 들어가라. 네가 행할 것을 네게 이를 자가 있다.**

한 걸음 더 들어가 볼까요?

예수님을 만나는 사건을 겪은 다음 사울은 어떻게 되었나요? 9절에서 찾아보세요.

**사흘 동안 보지 못하고, 먹지도 마시지도 않았어요.**

★☆★

오늘 꼭 기억해야 할 메시지를 함께 읽어 봅시다.

내가 원하는 것을 구하기 전에 예수님이 무얼 원하시는지 먼저 묻는 것이 믿음입니다.

우리 함께 기도해요.

제가 오늘 무얼 하기 원하세요? 제가 평생 무엇을 하기를 원하시는지 알려 주세요.

# □ 수요일

**사도행전 9:10-16** 선택받은 사울

오늘 본문 말씀을 읽고 답해 보세요.

아나니아가 왜 사울을 무서워했나요? 13-14절을 읽고 생각해 보세요.

**지금까지 사울이 예수님 믿는 사람들을 많이 괴롭혔기 때문이에요.**

한 걸음 더 들어가 볼까요?

예수님은 사울에 대해 어떤 계획을 갖고 계셨나요? 15절에서 찾아보세요.

**예수님의 이름을 이방인과 임금들과 이스라엘 자손들에게 전하는 사람으**
**로 사울을 선택하셨어요.**

★☆★

오늘 꼭 기억해야 할 메시지를 함께 읽어 봅시다.

예수님의 이름을 다른 사람들에게 전하라고 우리를 택하셨습니다.

우리 함께 기도해요.

오늘 우리의 말과 행동으로 다른 사람들에게 예수님의 이름을 전하게
해 주세요.

# ☐ 목요일

**사도행전 9:17-20** 복음을 전하는 사울 (1)

오늘 본문 말씀을 읽고 답해 보세요.

아나니아가 사울에게 한 첫 말은 무엇인가요? 17절에서 찾아보세요.

**형제 사울아.**

한 걸음 더 들어가 볼까요?

사울이 앞을 다시 볼 수 있게 되고 힘을 되찾자마자 어떤 일을 제일 먼저
했나요? 20절에서 찾아보세요.

<u>**각 회당에서 예수님이 하나님의 아들이심을 전파했어요.**</u>

★☆★

오늘 꼭 기억해야 할 메시지를 함께 읽어 봅시다.

예수님을 싫어하는 사람이라도 예수님이 그 사람의 마음을 바꿔 주시면
얼마든지 예수님을 전하는 사람이 될 수 있습니다.

우리 함께 기도해요.

사람의 마음을 변화시키시는 하나님의 능력에 감사해요. 더 많은 사람
들이 하나님께로 돌아오게 해 주세요. 그 일에 저를 사용해 주세요.

# ◻ 금요일

오늘 본문 말씀을 읽고 답해 보세요.

사울이 무엇을 증언했나요? 22절에서 찾아보세요.

**예수가 그리스도이시다.**

> + 그리스도란 구원자라는 뜻이에요. 이스라엘 사람들은 구약에서 하나님이 약속하셨던 구원자(메시아)를 오래도록 애타게 기다렸어요. 바울의 이 말은 사람들이 그토록 기다리던 구원자가 바로 예수님이시라는 고백이에요.

한 걸음 더 들어가 볼까요?

예수님이 그리스도이심을 어떻게 증명할 수 있나요?

**바울이 한 것처럼, 구원자가 오실 것이라고 했던 구약의 예언을 예수님이 완전히 이루셨음을 보여 주면 돼요.**

★☆★

오늘 꼭 기억해야 할 메시지를 함께 읽어 봅시다.

예수님은 오래전 구약의 예언들을 완벽하게 이루셨습니다.

우리 함께 기도해요.

예수님이 바로 우리가 기다리던 구원자라고 세상에 전하게 해 주세요.
그 소식을 용감하게 전할 수 있도록 우리에게 힘과 능력을 주세요.

## ◻ 토요일

**사도행전 9:26-31** 용감한 사울

오늘 본문 말씀을 읽고 답해 보세요.

사울이 정말로 예수님을 믿게 되었다고 제자들을 설득한 사람은 누구인가요? 27절에서 찾아보세요.

**바나바.**

한 걸음 더 들어가 볼까요?

31절에 나오는 교회의 모습을 설명해 보세요.

**평안을 누리며 든든히 성장해 갔어요. 주를 경외함으로 행하고, 성령의 위로를 받으며, 예수님을 믿는 사람의 수가 더 많아졌어요.**

★☆★

오늘 꼭 기억해야 할 메시지를 함께 읽어 봅시다.

모든 교회가 31절에 나오는 처음 교회의 모습과 같아야 합니다.

우리 함께 기도해요.

우리 교회가 처음 교회들의 모습을 닮아 가게 해 주세요.

# ☐ 주일

**오늘 설교 시간에 들은 성경 본문을 같이 읽어 보겠습니다.**


오늘 교회에서 하나님이 어떤 분이라고 배웠나요?

..........................................................................

오늘 교회에서 죄가 무엇이라고 배웠나요?

..........................................................................

오늘 교회에서 예수님이 어떤 분이라고 배웠나요?

..........................................................................

오늘 교회에서 날마다 어떻게 생각하고 말하고 행동해야 한다고 배웠나요?

..........................................................................

설교를 듣고 나서 무엇을 가장 크게 깨달았나요?

..........................................................................

설교를 듣고 나서 뭐라고 하나님께 기도를 드렸나요?

..........................................................................

### 탐험 43.

# 복음을 받아들인 세 사람

### ⊘ 탐험 지도

예수님을 믿게 된 바울(바울은 사울의 로마식 이름이에요)은 몸을 아끼지 않고
여러 지역을 돌아다니면서 예수님이 바로 사람들이 기다리던 그리스도
(구원자)라는 복음을 열심히 전했어요. 예수님 믿는 사람들을 괴롭히던
사람이 이제 예수님을 믿는다는 이유로 괴롭힘을 당하게 되었어요. 사
도행전 16장을 보면 바울이 복음을 열심히 전하다가 빌립보에 있는 감
옥에 갇혀요. 이번 탐험에서는 바울을 만나 예수님을 믿게 된 사람들을
만나 보겠습니다. 사업가였던 루디아, 여종, 간수 이렇게 세 사람이에요.

| 이번 주 우리 집 기도 제목 |
| --- |

이번 주에 함께 곰곰이 생각하고
외워 볼 말씀은 **사도행전 16장
31절**이에요.

354

**사도행전 16:9-15** 강가에 임한 구원

오늘 본문 말씀을 읽고 답해 보세요.

루디아는 어떻게 구원을 받았나요? 14절에서 찾아보세요.

**주께서 그 마음을 열어서 바울의 말을 따르게 하셨어요.**

한 걸음 더 들어가 볼까요?

루디아의 이야기를 통해 우리 마음에 대해 어떤 점을 알 수 있을까요?

**예수님을 믿기 전에 우리 마음은 주께 닫혀 있었어요. 하지만 성령이 능력
과 은혜로 우리 마음을 열어 주셔서 예수님을 받아들이게 해 주셨어요.**

★☆★

오늘 꼭 기억해야 할 메시지를 함께 읽어 봅시다.

성령님이 우리 마음을 열어 주셔서 예수님의 말씀을 받아들이게 하십
니다.

우리 함께 기도해요.

딱딱하게 굳은 제 마음을 활짝 열어 주셔서 감사해요. 하나님께 닫혀 있
는 _____의 마음을 열어 주셔서 예수님을 받아들이게 해 주세요.

# ◻ 화요일

## 사도행전 16:16-19 거리에 임한 구원

오늘 본문 말씀을 읽고 답해 보세요.

여종이 뭐라고 소리 질렀나요? 17절에서 찾아보세요.

**이 사람들은 지극히 높은 하나님의 종으로서, 구원의 길을 너희에게 전하는 자라!**

한 걸음 더 들어가 볼까요?

여종이 어떻게 구원받았나요? 18절에서 찾아보세요.

**바울이 "주 예수 그리스도의 이름으로" 귀신에게 나오라고 명령했고, 귀신이 즉시 나왔어요.**

★☆★

오늘 꼭 기억해야 할 메시지를 함께 읽어 봅시다.

주 예수 그리스도의 이름이 세상에서 가장 강력한 능력입니다.

우리 함께 기도해요.

+ 모든 기도를 "예수님의 이름으로 기도합니다"라고 끝내는 이유를 설명해 주세요.

# □ 수요일

오늘 본문 말씀을 읽고 답해 보세요.

바울과 실라는 무슨 죄목으로 감옥에 갇혔나요? 21절에서 찾아보세요.

**로마 사람들이 받지도 못하고 행하지도 못할 풍속을 전한다.**

> + 로마법에 어긋나는 것을 가르쳤다고 하면서 바울을 함정에 빠뜨렸어요.

한 걸음 더 들어가 볼까요?

빌립보 사람들은 바울과 실라에게 어떤 벌을 내렸나요? 22-23절에서 찾아보세요.

**그들의 옷을 찢어 벗기고, 매를 많이 때리고, 감옥에 가두었어요.**

★☆★

오늘 꼭 기억해야 할 메시지를 함께 읽어 봅시다.

복음을 전했다는 이유로 어려운 상황에 빠지고 억울하게 벌을 받을 수도 있습니다.

우리 함께 기도해요.

지금도 전 세계에서 예수님을 믿는다는 이유로 괴롭힘을 당하는 사람들에게 힘을 주세요. 고난을 이겨 내고 믿음을 끝까지 잘 지킬 수 있게 도와주세요.

# ☐ 목요일

오늘 본문 말씀을 읽고 답해 보세요.

바울과 실라는 감옥에서 무엇을 했나요? 25절에서 찾아보세요.

**기도하고, 하나님을 찬송했어요.**

한 걸음 더 들어가 볼까요?

그들은 예수님이 내리신 어떤 명령에 순종했나요? 마태복음 5장 11-12절을 읽고 말해 보세요.

**예수님 때문에 욕을 듣고 괴롭힘을 당할 때 기뻐하고 즐거워하라.**

★☆★

오늘 꼭 기억해야 할 메시지를 함께 읽어 봅시다.

하나님의 백성은 예수님을 위해 고난을 당할 때도 기쁨을 잃지 않는 복을 누립니다.

우리 함께 기도해요.

예수님을 믿는다는 이유로 어려움이 닥친다 해도 변함없이 기쁜 노래를 부르며 잘 견디게 해 주세요.

# ◻ 금요일

## 사도행전 16:29-34  감옥에 임한 구원

오늘 본문 말씀을 읽고 답해 보세요.

구원받으려면 어떻게 해야 하나요? 31절에서 찾아보세요.

**주 예수를 믿어야 해요.**

+ 예수님이 우리 인생의 주인이시며 그리스도(구원자)이심을 믿어야 해요.

한 걸음 더 들어가 볼까요?

왜 간수가 크게 기뻐했나요? 34절에서 찾아보세요.

**그와 온 집안이 하나님을 믿게 되었기 때문이에요.**

★☆★

오늘 꼭 기억해야 할 메시지를 함께 읽어 봅시다.

예수님이 그리스도(구원자)이심을 믿으면 구원을 받고 마음에 기쁨이 넘칩니다.

우리 함께 기도해요.

저와 우리 집을 구원해 주신 예수님, 우리 마음이 구원받은 기쁨으로 가득 차게 해 주세요.

탐험 43. 복음을 받아들인 세 사람                                                    359

# ☐ 토요일

오늘 본문 말씀을 읽고 답해 보세요.

바울과 실라는 감옥에서 풀려난 뒤에 무엇을 했나요? 40절에서 찾아보세요.

**루디아의 집에 들어가서 형제들을 만나 보고 위로했어요.**

한 걸음 더 들어가 볼까요?

우리는 믿음의 사람들을 어떻게 위로하고 격려할 수 있을까요?

**바울과 실라가 그랬던 것처럼, 하나님이 우리 삶과 다른 사람들의 삶에 행하신 일을 나누면 돼요.**

★☆★

오늘 꼭 기억해야 할 메시지를 함께 읽어 봅시다.

하나님이 죄인들을 구원하신 이야기는 우리에게 가장 큰 위로가 되고, 또 용기를 줍니다.

우리 함께 기도해요.

예수님의 구원이 필요한 세상 곳곳에 복음이 꼭 전해지게 해 주세요. 그래서 더 많은 사람들의 마음이 변화되어 하나님께로 돌아오게 해 주세요. 그 일에 저와 우리 가족을 사용해 주세요.

# ☐ 주일

**오늘 설교 시간에 들은 성경 본문을 같이 읽어 보겠습니다.**

오늘 교회에서 하나님이 어떤 분이라고 배웠나요?

.............................................................................................................................

오늘 교회에서 죄가 무엇이라고 배웠나요?

.............................................................................................................................

오늘 교회에서 예수님이 어떤 분이라고 배웠나요?

.............................................................................................................................

오늘 교회에서 날마다 어떻게 생각하고 말하고 행동해야 한다고 배웠나요?

.............................................................................................................................

설교를 듣고 나서 무엇을 가장 크게 깨달았나요?

.............................................................................................................................

설교를 듣고 나서 뭐라고 하나님께 기도를 드렸나요?

.............................................................................................................................

## 탐험 44.
# 아덴(아테네)

### ⊘ 탐험 지도

지금까지 바울은 수백 킬로미터를 걸어 다니면서 복음을 전하고 교회를 개척했어요. 이번 주 탐험에서는 아덴에 도착한 바울과 함께할 거예요(사도행전 17장). 아덴은 지금의 그리스 아테네예요. 그곳 사람들이 온갖 우상들을 숭배하는 모습을 보면서 바울은 너무 슬프고 화가 났어요. 바울은 그 사람들에게 예수님의 복음을 전하기 시작했습니다.

---

**이번 주 우리 집 기도 제목**

이번 주에 함께 곰곰이 생각하고 외워 볼 말씀은 **사도행전 17장 30절**이에요.

# 월요일

**사도행전 17:1-4** 어떤 사람들은 예수님을 믿었다

오늘 본문 말씀을 읽고 답해 보세요.

바울은 도시에 가면 늘 어떻게 했나요? 1-2절에서 찾아보세요.

**유대인의 회당에 들어가서 성경을 가지고 강론했어요.**

+ 강론은 설교예요.

한 걸음 더 들어가 볼까요?

4-5절에서 보듯이 그중의 어떤 사람들은 바울의 설교를 듣고 예수님을 믿기로 했어요. 여러분에게 예수님에 대해 말해 주고, 여러분이 예수님을 믿도록 이끌고 도와준 사람은 누구인가요? 돌아가며 이야기해 보세요.

★☆★

오늘 꼭 기억해야 할 메시지를 함께 읽어 봅시다.

사람들을 예수님의 제자로 만드는 최고의 방법은 성경 말씀으로 이야기하는 것입니다.

우리 함께 기도해요.

전도하는 모든 사람을 축복해 주세요. 예수님을 따르라고 성경으로 잘 이야기하게 해 주세요.

# □ 화요일

## 사도행전 17:5-8  어떤 사람들은 화를 냈다

오늘 본문 말씀을 읽고 답해 보세요.

유대인들은 왜 바울의 강론에 맞서 사도들을 공격했나요? 5절에서 찾아 보세요.

**시기해서.**

한 걸음 더 들어가 볼까요?

데살로니가에 사는 유대인들은 무슨 이유를 들면서 사도들을 고발했나 요? 6절에서 찾아보세요.

**천하를 어지럽게 하는 사람들이 여기 왔다고 했어요.**

★☆★

오늘 꼭 기억해야 할 메시지를 함께 읽어 봅시다.

기독교가 전하는 것은 예수님이 주시는 평화의 소식입니다. 그런데도 거꾸로 우리가 세상을 어지럽힌다고 공격받을 수 있습니다.

우리 함께 기도해요.

사람들이 우리에 대해 뭐라고 말하고 우리를 어떻게 대하든지 예수님의 복음을 전할 수 있는 용기를 주세요.

# ☐ 수요일

**사도행전 17:10-15** 어떤 사람들은 열심히 공부했다

오늘 본문 말씀을 읽고 답해 보세요.

베뢰아 사람들은 사도들의 말을 듣고 어떤 반응을 보였나요? 11절에서 찾아보세요.

**간절한 마음으로 말씀을 받고 이것이 그러한가 하여 날마다 성경을 상고했어요.**

+ 상고했다는 말은 열심히 공부하고 연구했다는 뜻이에요.

한 걸음 더 들어가 볼까요?

베뢰아 사람들처럼 하려면 우리는 어떻게 해야 할까요?

**목사님의 설교를 듣고 잊어버리는 게 아니라 그 본문 말씀을 다시 읽으면서 진리인지 확인하고 열심히 공부해야 해요.**

★☆☆

오늘 꼭 기억해야 할 메시지를 함께 읽어 봅시다.

우리도 설교를 듣고 나면 성경을 다시 읽으면서 한 번 더 공부해야 합니다.

우리 함께 기도해요.

저도 베뢰아 사람들처럼 성경 말씀을 열심히 읽고 공부하게 해 주세요.

## ◻ 목요일

**사도행전 17:16-21** 어떤 사람들은 호기심이 많았다

오늘 본문 말씀을 읽고 답해 보세요.

바울은 그 도시에 가득한 우상들을 보고 어떻게 했나요? 16절에서 찾아 보세요.

**마음에 격분했어요.**

  + 심하게 화가 났다는 뜻이에요.

한 걸음 더 들어가 볼까요?

모든 아덴 사람과 그곳에 잠시 머무르는 외국인들은 주로 어떤 일을 하며 시간을 보냈나요? 21절에서 찾아보세요.

**가장 새로운 것을 말하고 들었어요.**

★☆★

오늘 꼭 기억해야 할 메시지를 함께 읽어 봅시다.

새로운 진리를 찾으러 이리저리 헤매지 말고, 신뢰할 수 있는 하나님의 말씀에 귀를 기울여야 합니다.

우리 함께 기도해요.

마음의 허전함을 채우려고 계속 새로운 것을 찾아 헤매지 않게 해 주세요. 영원히 변하지 않는 하나님의 말씀에 만족하게 해 주세요.

**사도행전 17:22-28** 어떤 사람들은 종교심이 있었다

오늘 본문 말씀을 읽고 답해 보세요.

바울이 여기저기 다니다가 어떤 제단에 새겨진 글씨를 보았어요. 어떤 말이었나요? 23절에서 찾아보세요.

**알지 못하는 신에게.**

한 걸음 더 들어가 볼까요?

바울은 사람들과 하나님의 관계를 어떻게 설명했나요? 28절에서 찾아보세요.

**우리가 그를 힘입어 살며 기동하며 존재하느니라.**

+ 우리는 하나님 안에서 살고 움직이며 존재한다는 뜻이에요.

★☆★

오늘 꼭 기억해야 할 메시지를 함께 읽어 봅시다.

우리가 어디에 있든 하나님이 자신을 알리셔서 하나님을 발견하게 하십니다.

우리 함께 기도해요.

하나님이 멀리 계시지 않다는 것을 사람들이 깨닫게 해 주세요. 우리 가장 가까이에 계신 하나님을 발견하고, 평안을 누리게 해 주세요.

**사도행전 17:29-34** 어떤 사람들은 조롱했다

오늘 본문 말씀을 읽고 답해 보세요.

하나님이 모든 사람을 향해 어떤 명령을 내리셨나요? 30절에서 찾아보세요.

**회개하라.**

한 걸음 더 들어가 볼까요?

하나님이 나에게 회개하라고 하신 부분이 있나요? 내가 회개할 죄는 무엇인지 돌아가며 이야기해 보세요.

★☆★

오늘 꼭 기억해야 할 메시지를 함께 읽어 봅시다.

하나님은 지금 모든 사람에게 회개하라고 명령하십니다. 곧 예수님이 다시 오셔서 세상을 심판하실 것이기 때문입니다.

우리 함께 기도해요.

회개하는 마음도 하나님이 주셔야 해요. 사람들의 마음에 회개의 영을 주셔서, 최후 심판이 있기 전에 많은 사람이 죄를 버리고 하나님께로 돌아오게 해 주세요.

## ☐ 주일

**오늘 설교 시간에 들은 성경 본문을 같이 읽어 보겠습니다.**

오늘 교회에서 하나님이 어떤 분이라고 배웠나요?

...........................................................................................................

오늘 교회에서 죄가 무엇이라고 배웠나요?

...........................................................................................................

오늘 교회에서 예수님이 어떤 분이라고 배웠나요?

...........................................................................................................

오늘 교회에서 날마다 어떻게 생각하고 말하고 행동해야 한다고 배웠나요?

...........................................................................................................

설교를 듣고 나서 무엇을 가장 크게 깨달았나요?

...........................................................................................................

설교를 듣고 나서 뭐라고 하나님께 기도를 드렸나요?

...........................................................................................................

# 세상 왕에게 복음을 전하다

## ⊘ 탐험 지도

세 번의 선교 여행을 하는 동안 참 많은 일들이 있었어요. 바울은 이제 예루살렘과 로마에 가서 예수님의 복음을 전하기로 마음먹었어요(사도행전 19장 21절). 주변 사람들이 걱정하며 말렸지만 바울은 예루살렘에서 예수님의 이름을 위해 죽을 각오도 되어 있다면서 생각을 굽히지 않았어요(사도행전 21장 1-13절). 예루살렘에 간 바울은 결국 체포되어 감옥에 갑니다. 바울은 여러 명의 재판장에게 재판을 받고(사도행전 22-25장), 가이사랴에서 아그립바왕 앞에 서게 돼요(사도행전 26장). 이번 주 탐험에서는 바울이 왕 앞에서 얼마나 용감하고 멋지게 복음을 전하는지 그 현장으로 들어가 보겠습니다.

---

**이번 주 우리 집 기도 제목**

이번 주에 함께 곰곰이 생각하고 외워 볼 말씀은 **사도행전 26장 18절**이에요.

370

# ◻ 월요일

## 사도행전 26:1-8   나는 유대인이다

오늘 본문 말씀을 읽고 답해 보세요.

바울은 왜 재판을 받았을까요? 6절에서 찾아보세요.

**하나님이 바울의 조상에게 약속하신 것을 바랐기 때문이에요.**


한 걸음 더 들어가 볼까요?

바울이 바라고 있던 약속은 무엇이었나요? 7-8절을 읽고 생각해 보세요.

**바울은 하나님이 죽은 사람을 살리신다는 부활의 약속을 소망했어요.**


★☆★

오늘 꼭 기억해야 할 메시지를 함께 읽어 봅시다.

부활의 약속은 구약 시대부터 계속된 오랜 약속입니다.


우리 함께 기도해요.

부활을 약속해 주셔서 감사해요. 바울처럼, 예수님을 통해 우리가 영원히 산다는 소망을 항상 품게 해 주세요.

# ◻ 화요일

### **사도행전 26:9-11** 나는 박해자였다

오늘 본문 말씀을 읽고 답해 보세요.

바울은 예수님을 믿기 전에는 어떤 일을 했나요? 9절에서 찾아보세요.

**나사렛 예수의 이름을 대적하는 일을 많이 했어요.**

한 걸음 더 들어가 볼까요?

10-11절에 보면 바울은 예수님을 믿고 따르는 사람들을 괴롭힘으로써 예수님을 대적했어요. 오늘날 사람들은 또 어떤 식으로 예수님을 대적하나요?

**예수님의 말씀에 귀 기울이지 않아요. 예수님을 믿고 따르려고 하지 않아요.**

★☆★

오늘 꼭 기억해야 할 메시지를 함께 읽어 봅시다.

오늘도 많은 사람들이 다양한 모습으로 예수님을 대적합니다.

우리 함께 기도해요.

저를 예수님의 제자로 삼아 주셔서 감사해요. 아직도 세상에는 예수님을 반대하고, 믿지 않고, 예수님 믿는 사람들을 괴롭히는 사람들이 있어요. 그 사람들도 예수님을 믿고 예수님의 제자가 되게 해 주세요.

**사도행전 26:12-18** 나는 그리스도인이다

오늘 본문 말씀을 읽고 답해 보세요.

왜 유대인이 아닌 다른 민족 사람들에게 바울을 보내셨나요? 18절에서
찾아보세요.

> 그 눈을 뜨게 하여 어둠에서 빛으로, 사탄의 권세에서 하나님께로 돌아오게
> 하고, 죄 사함과 예수님을 믿어 거룩하게 된 무리 가운데서 기업을 얻게 하
> 시려고.

한 걸음 더 들어가 볼까요?

하나님은 내 눈을 뜨게 하셔서 무엇을 보게 하셨나요? 어떤 어둠에 빠져
있던 나를 하나님이 구해 주셨나요? 하나님이 사탄의 권세를 멸하시는
일을 본 적이 있나요? 돌아가며 이야기해 보세요.

★☆★

오늘 꼭 기억해야 할 메시지를 함께 읽어 봅시다.

예수님을 만나면 우리 삶이 달라지고, 하나님 앞에서 우리의 신분이 달
라지고, 우리 인생의 마지막 날이 완전히 달라집니다.

우리 함께 기도해요.

어두컴컴한 죄 가운데 있던 저를 하나님의 자녀로 불러 주셔서 감사해
요. 이제 빛 가운데 살겠습니다.

# 목요일

**사도행전 26:19-23** 나는 전도자다 (1)

오늘 본문 말씀을 읽고 답해 보세요.

바울은 누구의 도우심을 받아 복음을 전하나요? 22절에서 찾아보세요.

**하나님.**

한 걸음 더 들어가 볼까요?

바울과 선지자들과 모세는 사람들에게 어떤 이야기를 전했나요? 23절에서 찾아보세요.

**그리스도가 고난을 받으실 것, 죽은 자 가운데서 먼저 다시 살아나사 이스라엘과 이방인들에게 빛을 전하시리라는 것.**

★☆★

오늘 꼭 기억해야 할 메시지를 함께 읽어 봅시다.

신약에 기록된 복음 메시지는 구약에 기록된 복음 메시지와 똑같습니다.

우리 함께 기도해요.

성경이 알려 주는 복음을 정확하게 이해하게 도와주세요.

## 사도행전 26:24-29  나는 전도자다 (2)

오늘 본문 말씀을 읽고 답해 보세요.
아그립바왕은 바울의 설교를 듣고 어떻게 했나요? 28절을 읽고 생각해 보세요.

**바울의 말에 거의 설득되어 그리스도인이 될 뻔했어요.**

한 걸음 더 들어가 볼까요?
나는 예수님이 완전히 믿어지나요? 아니면 조금 안 믿어지나요? 아니면 솔직히 믿어지지 않나요? 돌아가며 이야기해 보세요.

★☆★
오늘 꼭 기억해야 할 메시지를 함께 읽어 봅시다.
다른 사람에게 예수님을 믿으라고 전도할 때 우리는 하나님을 온전히 의지해야 합니다.

우리 함께 기도해요.
우리가 예수님의 복음을 전할 때, 듣는 사람들이 예수님을 완전히 믿고 받아들이게 해 주세요.

# □ 토요일

## 사도행전 26:30-32; 28:16, 30-31  나는 전도자다 (3)

오늘 본문 말씀을 읽고 답해 보세요.

로마에서 바울은 자기 집에서만 머물러야 했어요. 그때 무엇을 했나요?
사도행전 28장 31절에서 찾아보세요.

**하나님의 나라를 전파하며, 예수님에 관한 모든 것을 가르쳤어요.**

한 걸음 더 들어가 볼까요?

바울은 어떤 태도로 가르쳤나요? 사도행전 28장 31절에서 찾아보세요.

**담대하게, 거침없이.**

 + 담대하다는 건 겁먹지 않고 용감하다는 말이에요.

★☆★

오늘 꼭 기억해야 할 메시지를 함께 읽어 봅시다.

그 어떤 힘든 상황도 담대하게 예수님을 전하는 바울을 막을 수 없었습니다.

우리 함께 기도해요.

저도 바울처럼 용감하게 해 주세요. 어디서든 예수님이 구원자이심을
전하게 해 주세요.

## ◻ 주일

**오늘 설교 시간에 들은 성경 본문을 같이 읽어 보겠습니다.**

오늘 교회에서 하나님이 어떤 분이라고 배웠나요?

......................................................................................................

오늘 교회에서 죄가 무엇이라고 배웠나요?

......................................................................................................

오늘 교회에서 예수님이 어떤 분이라고 배웠나요?

......................................................................................................

오늘 교회에서 날마다 어떻게 생각하고 말하고 행동해야 한다고 배웠나요?

......................................................................................................

설교를 듣고 나서 무엇을 가장 크게 깨달았나요?

......................................................................................................

설교를 듣고 나서 뭐라고 하나님께 기도를 드렸나요?

......................................................................................................

## 탐험 46.
# 복음의 신비로운 풍경

### ⊘ 탐험 지도

바울은 로마에 죄수로 끌려가기 몇 년 전에 로마 교회에 편지를 썼어요.
그게 바로 로마서예요. 그 편지에서 바울은 그들을 만나서 교제를 나누
고 싶다고 했지만 죄수의 모습으로 그곳에 갈 줄은 꿈에도 몰랐죠. 이번
주에는 로마서 8장을 탐험해 볼 거예요. 로마서 8장은 너무 놀랍고 아름
다워요. 너무 신비해서 아무리 봐도 질리지 않는 탐험이 될 겁니다. 두
고두고 기억하세요.

**이번 주 우리 집 기도 제목**

이번 주에 함께 곰곰이 생각하
고 외워 볼 말씀은 **로마서 8장
28절**이에요.

378

# 월요일

로마서 8:1-5  성령의 일 (1)

오늘 본문 말씀을 읽고 답해 보세요.

하나님께 정죄받지 않는 사람은 누구일까요? 1절에서 찾아보세요.

+ 정죄란 죄가 있다고 판단받는 거예요.

**그리스도 예수 안에 있는 자.**

한 걸음 더 들어가 볼까요?

사람들이 주로 생각하는 두 가지 큰 주제는 무엇인가요? 5절에서 찾아보세요.

**육신의 일, 영의 일.**

+ 육신의 일은 하나님의 일과 반대되는 세상적인 일이에요.

★☆☆

오늘 꼭 기억해야 할 메시지를 함께 읽어 봅시다.

죄인인 우리가 예수님을 통해 하나님과 화해하면, 평화롭고 영적인 생각을 하게 됩니다.

우리 함께 기도해요.

매일매일 예수님 안에 있게 해 주세요. 성령으로 충만해서 영의 일을 생각하게 해 주세요.

# ☐ 화요일

오늘 본문 말씀을 읽고 답해 보세요.

우리가 하나님을 뭐라고 부르도록 성령이 도우시나요? 14-15절에서 찾아보세요.

**아빠 아버지.**

한 걸음 더 들어가 볼까요?

성령이 우리 마음에 뭐라고 말씀하시나요? 16절에서 찾아보세요.

**우리가 하나님의 자녀인 것을 증언해 주세요.**

★☆★

오늘 꼭 기억해야 할 메시지를 함께 읽어 봅시다.

성령이 우리가 하나님을 "아버지"라고 부르도록 도와주시고 우리가 하나님의 자녀라는 확신을 주십니다.

우리 함께 기도해요.

하나님을 "아버지"라고 부르고 제가 하나님의 자녀라는 확신을 갖도록 성령을 부어 주세요.

# ▢ 수요일

## 로마서 8:18-25  피조물들의 탄식

오늘 본문 말씀을 읽고 답해 보세요.

바울은 현재의 고난을 무엇과 비교했나요? 18절에서 찾아보세요.

**장차 우리에게 나타날 영광.**


한 걸음 더 들어가 볼까요?

예수님을 믿는 사람들은 무엇을 기다리나요? 23절에서 찾아보세요.

**우리 몸의 속량.**

+ 속량은 죄를 씻어 구원받는다는 뜻이에요.


★☆★

오늘 꼭 기억해야 할 메시지를 함께 읽어 봅시다.

하나님이 우리 몸도 영광 중에 구원해 주실 것입니다.


우리 함께 기도해요.

이 몸이 하나님께서 주신 선물임을 믿어요. 지금은 때로 아프기도 하고 다치기도 하고 나이가 들면 늙는 몸이지만, 이 몸도 하나님께서 구원해 주실 것을 믿어요.

# ◻ 목요일

**로마서 8:26-30**  성령의 일 (3)

오늘 본문 말씀을 읽고 답해 보세요.

성령님이 우리를 어떻게 도우시나요? 26절에서 찾아보세요.

**우리의 연약함을 도와주세요. 우리는 마땅히 기도할 바를 알지 못하나 성령님이 말할 수 없는 탄식으로 우리를 위해 친히 간구해 주세요.**

한 걸음 더 들어가 볼까요?

하나님의 사람에게는 모든 것이 합력해 선을 이룬다고 해요. 28절을 읽고 내 주변에서도 나쁜 상황이 나중에는 잘된 적이 있었는지 생각해 보고, 돌아가며 이야기해 보세요.

★☆★

오늘 꼭 기억해야 할 메시지를 함께 읽어 봅시다.

성령님이 매 순간 우리를 도와주십니다. 또 모든 일을 합해 선을 이룬다는 약속을 주셔서 연약한 사람들에게 굳센 힘을 주십니다.

우리 함께 기도해요.

저의 연약함을 아시고 돌보시는 하나님, 감사해요. 성령님, 저를 도와주세요. 모든 일을 합해 선을 이루어 주세요.

# □ 금요일

오늘 본문 말씀을 읽고 답해 보세요.

31절을 읽고, 다음 문장의 뒷부분을 완성하세요.

"만일 하나님이 우리를 위하시면 _____."

**누가 우리를 대적하리요.**


한 걸음 더 들어가 볼까요?

예수님은 어디에 계시며, 무엇을 하고 계시나요? 34절에서 찾아보세요.

**하나님 우편에 계시면서 우리를 위하여 간구하십니다.**

＋ 우편이란 오른쪽이라는 뜻이에요.


★☆★

오늘 꼭 기억해야 할 메시지를 함께 읽어 봅시다.

하나님이 나를 위하시니 아무도 내게 맞서지 못합니다. 예수님이 나를 위해 기도하시니 아무도 내게 죄 있다 하지 못합니다.


우리 함께 기도해요.

하나님이 우리를 위하시고 예수님이 우리를 위해 기도하시니 아무도 우리를 맞설 수 없어요. 이런 은혜를 주신 하나님을 찬양합니다!

# □ 토요일

## 로마서 8:35-39 아무것도 그 사랑에서 우리를 끊을 수 없다

오늘 본문 말씀을 읽고 답해 보세요.

무엇이 우리를 하나님의 사랑에서 끊을 수 있을까요? 38-39절을 읽고 생각해 보세요.

**아무것도 우리를 하나님의 사랑에서 끊을 수 없어요.**

한 걸음 더 들어가 볼까요?

혹시 나의 어떤 잘못이 밝혀지면 하나님이 나에게 실망하고 나를 더 이상 사랑하지 않으실까 겁이 날 때가 있나요? 아니면 어떤 일이 닥쳐서 내가 하나님을 떠나게 될까 봐 두렵나요? 돌아가며 이야기해 보세요.

+ 38-39절을 다시 한 번 같이 읽으면서, 우리를 붙들고 있는 하나님의 사랑이 세상 그 어떤 위험보다도 강력하다는 것을 기억하세요.

★☆★

오늘 꼭 기억해야 할 메시지를 함께 읽어 봅시다.

세상에는 우리를 하나님의 사랑에서 끊으려 하는 것이 정말 많지만, 실제로는 아무것도 우리를 하나님의 사랑에서 끊을 수 없습니다.

우리 함께 기도해요.

세상 그 무엇도 저를 하나님의 사랑에서 끊을 수 없다고 약속해 주셔서 감사해요. 이 말씀을 기억하고 무엇을 하든지 평안하겠습니다.

**오늘 설교 시간에 들은 성경 본문을 같이 읽어 보겠습니다.**

오늘 교회에서 하나님이 어떤 분이라고 배웠나요?

.............................................................................................................

오늘 교회에서 죄가 무엇이라고 배웠나요?

.............................................................................................................

오늘 교회에서 예수님이 어떤 분이라고 배웠나요?

.............................................................................................................

오늘 교회에서 날마다 어떻게 생각하고 말하고 행동해야 한다고 배웠나요?

.............................................................................................................

설교를 듣고 나서 무엇을 가장 크게 깨달았나요?

.............................................................................................................

설교를 듣고 나서 뭐라고 하나님께 기도를 드렸나요?

.............................................................................................................

**탐험 47.**

# 사랑의 길

##  탐험 지도

고린도 교회는 여러 무리로 갈라졌습니다. 교인들이 하나님을 따르는
것이 아니라 저마다 다른 설교자를 따르면서 서로 싸웠어요. 그래서 사
도 바울은 고린도 교회 사람들에게 편지를 썼어요. 첫 번째 편지(첫 번째
편지가 고린도전서, 두 번째 편지가 고린도후서예요)에서 바울은 설교자를 보지
말고 예수님께 초점을 맞추라고 타일렀어요(1장). 예수님이 교회를 사랑
하셨듯이 서로 사랑해야 한다고 가르쳤어요(13장). 또 한 가지, 바로 부활
에 대한 성경의 가르침을 다시 한 번 확실하게 설명해 주었어요. 고린도
의 어떤 교인들이 부활을 인정하지 않았기 때문이에요(15장).

**이번 주 우리 집 기도 제목**

이번 주에 함께 곰곰이 생각하
고 외워 볼 말씀은 **고린도전서
15장 21절**이에요.

# □ 월요일

## 고린도전서 1:18-25  하나님의 지혜

오늘 본문 말씀을 읽고 답해 보세요.

십자가 복음을 듣고 나서 사람들은 어떻게 반응했나요? 18절을 읽고 생각해 보세요.

**어떤 사람들은 미련한 것이라고 말하고, 어떤 사람들은 하나님의 능력이라고 말했어요.**

한 걸음 더 들어가 볼까요?

나는 예수님이 지신 십자가의 복음이 어떻게 들리나요? 연약함인가요, 어리석음인가요, 능력인가요? 돌아가며 이야기해 보세요.

★☆★

오늘 꼭 기억해야 할 메시지를 함께 읽어 봅시다.

어떤 사람들은 십자가 사건을 약함과 어리석음의 증거로 보지만, 예수님을 믿는 사람들에게는 하나님의 지혜와 능력을 나타내는 확실한 증거입니다.

우리 함께 기도해요.

우리에게 예수님의 십자가는 하나님의 강력한 능력입니다.

# 화요일

**고린도전서 1:26-31** 하나님의 선택

오늘 본문 말씀을 읽고 답해 보세요.

하나님은 고린도의 어떤 사람들을 구원하기로 선택하셨나요? 27절에서 찾아보세요.

**미련한 사람들, 약한 사람들.**

한 걸음 더 들어가 볼까요?

우리는 무엇을 자랑해야 하나요? 31절에서 찾아보세요.

**주님.**

★☆★

오늘 꼭 기억해야 할 메시지를 함께 읽어 봅시다.

내가 무언가를 잘해서 하나님이 구원하신 것이 아닙니다. 내가 한 일이 아니라, 오직 하나님을 자랑해야 합니다.

우리 함께 기도해요.

저를 자랑하지 않고, 하나님만 자랑하게 해 주세요.

## ▫ 수요일

### 고린도전서 13:1-7  예수님의 사랑

오늘 본문 말씀을 읽고 답해 보세요.

사랑은 무엇을 하지 않는다고 하나요? 4-6절에서 찾아보세요.

**시기, 자랑, 교만, 무례, 자기 유익을 구하는 것, 성냄, 악한 것을 생각하는**
**것, 불의를 기뻐하는 것.**


한 걸음 더 들어가 볼까요?

집에서, 학교에서, 직장에서, 동네에서 이런 사랑을 어떻게 나타낼 수 있
을지 돌아가며 이야기해 보세요.


★☆★

오늘 꼭 기억해야 할 메시지를 함께 읽어 봅시다.

이런 사랑을 완전히 하실 수 있는 분은 예수님뿐이지만, 우리도 그렇게
사랑하라고 초대하셨습니다.


우리 함께 기도해요.

예수님이 보여 주신 완전한 사랑에 감사해요. 저는 예수님처럼 사랑하
지 못해요. 예수님처럼 사랑할 수 있도록 은혜를 내려 주세요.

# ◻ 목요일

### 고린도전서 13:8-13  예수님의 얼굴

오늘 본문 말씀을 읽고 답해 보세요.

성경은 믿음, 소망, 사랑 중에 어느 것이 제일이라고 말하나요? 13절에서 찾아보세요.

**사랑.**

한 걸음 더 들어가 볼까요?

12절에 보면, 언젠가 예수님을 얼굴과 얼굴을 마주 볼 거라고 말해요. 무엇을 볼 것이 가장 기대되나요? 돌아가며 이야기해 보세요.

★☆★

오늘 꼭 기억해야 할 메시지를 함께 읽어 봅시다.

지금은 예수님의 사랑을 멀리서 희미하게 경험하지만, 언젠가 얼굴과 얼굴을 마주 보며 즐겁게 이야기할 것입니다.

우리 함께 기도해요.

이 땅을 떠나고 난 뒤 예수님의 사랑을 새롭게, 지금보다 훨씬 더 깊게 경험할 것을 믿어요. 영원히 우리와 함께하실 하나님을 찬양합니다!

# ◘ 금요일

**고린도전서 15:12-19** 예수님의 부활

오늘 본문 말씀을 읽고 답해 보세요.

그리스도인의 소망은 무엇 위에 세워지나요? 14절을 읽고 생각해 보세요.

**예수님의 다시 살아나심. 예수님의 부활.**


한 걸음 더 들어가 볼까요?

만일 예수님이 다시 살아나지 않으셨다면 우리는 어떻게 되나요? 17절
에서 찾아보세요.

**우리 믿음도 헛되고, 우리가 여전히 죄 가운데 있을 거예요.**


★☆★

오늘 꼭 기억해야 할 메시지를 함께 읽어 봅시다.

예수님의 부활은 모든 그리스도인의 믿음과 소망의 핵심입니다.


우리 함께 기도해요.

예수님의 부활을 굳게 믿게 해 주시고, 이 중요한 진리를 부인하는 사람
들을 물리쳐 주세요.

# ☐ 토요일

고린도전서 15:20-26  예수님의 승리

오늘 본문 말씀을 읽고 답해 보세요.

예수님이 모든 원수를 어디에 두신다고 말씀하셨나요? 25절에서 찾아
보세요.

**그분의 발 아래에.**

한 걸음 더 들어가 볼까요?

하나님이 맨 마지막으로 무찌르실 원수는 무엇인가요? 26절에서 찾아보
세요.

**사망. 죽음.**

★☆★

오늘 꼭 기억해야 할 메시지를 함께 읽어 봅시다.

예수님이 우리의 큰 원수인 죽음은 물론이고, 우리의 모든 원수를 멸망
시키십니다.

우리 함께 기도해요.

예수님이 모든 원수를 무찌르시고 영원한 왕으로서 온 세상을 다스리시
는 날이 어서 오게 해 주세요.

## ◻ 주일

**오늘 설교 시간에 들은 성경 본문을 같이 읽어 보겠습니다.**


오늘 교회에서 하나님이 어떤 분이라고 배웠나요?

......................................................................................................................................

오늘 교회에서 죄가 무엇이라고 배웠나요?

......................................................................................................................................

오늘 교회에서 예수님이 어떤 분이라고 배웠나요?

......................................................................................................................................

오늘 교회에서 날마다 어떻게 생각하고 말하고 행동해야 한다고 배웠나요?

......................................................................................................................................

설교를 듣고 나서 무엇을 가장 크게 깨달았나요?

......................................................................................................................................

설교를 듣고 나서 뭐라고 하나님께 기도를 드렸나요?

......................................................................................................................................

탐험 48.

# 좋은 열매

###  탐험 지도

바울이 갈라디아 교회, 에베소 교회, 빌립보 교회에 쓴 편지에는 소중한
진리들이 가득 담겨 있어요. 이번 한 주 동안의 탐험으로 그 편지들을 다
읽을 수는 없지만, 이번 주 세 가지 애피타이저 탐험으로 입맛을 돋우어
나중에 좀 더 자세히 탐험해 보기를 바랍니다.

**이번 주 우리 집 기도 제목**

이번 주에 함께 곰곰이 생각하고
외워 볼 말씀은 빌립보서 2장
10-11절이에요.

# ▢ 월요일

갈라디아서 5:14-21 썩은 열매

오늘 본문 말씀을 읽고 답해 보세요.

그리스도인은 어떻게 행동해야 하나요? 16절에서 찾아보세요.

**성령을 따라.**

한 걸음 더 들어가 볼까요?

19-21절에서 말하는 "육체의 일"이 삶에 가득한 사람은 어떻게 될까요?

**하나님의 나라를 유업으로 받지 못해요.**

★☆★

오늘 꼭 기억해야 할 메시지를 함께 읽어 봅시다.

성령과 함께하지 않으면 우리 삶은 썩은 열매를 맺을 뿐이고, 우리는 하나님 나라에 못 들어갑니다.

우리 함께 기도해요.

성령님, 우리 삶에서 육체의 일을 없애 주세요. 썩은 열매를 맺지 않게 해 주세요.

# 화요일

오늘 본문 말씀을 읽고 답해 보세요.

성령으로 우리는 어떤 열매들을 맺을 수 있나요? 22-23절에서 찾아보세요.

**사랑, 희락, 화평, 오래 참음, 자비, 양선, 충성, 온유, 절제.**

+ 여기서 희락은 기쁨, 자비는 친절, 양선은 착함을 뜻해요.

한 걸음 더 들어가 볼까요?

그중에 어떤 열매가 내 삶에 있고, 어떤 열매가 내 삶에 없나요? 원하는 열매를 맺기 위해 어떻게 해야 할지 돌아가며 이야기해 보세요.

★☆★

오늘 꼭 기억해야 할 메시지를 함께 읽어 봅시다.

우리 삶에서 좋은 열매를 맺는 길은 성령뿐입니다.

우리 함께 기도해요.

우리 삶에 성령의 열매를 주렁주렁 맺게 해 주세요.

# ☐ 수요일

오늘 본문 말씀을 읽고 답해 보세요.

예수 그리스도는 교회를 위해 어떻게 하셨나요? 25절에서 찾아보세요.

**교회를 사랑하시고, 교회를 위하여 자신을 주셨어요.**


한 걸음 더 들어가 볼까요?

남편은 아내를 위해 어떻게 해야 할까요? 25절에서 찾아보세요.

**예수님이 교회에 하신 것처럼, 아내를 사랑하고 아내를 위해 자신을 줘야 해요.**


★☆★

오늘 꼭 기억해야 할 메시지를 함께 읽어 봅시다.

행복하고 거룩한 결혼생활을 하려면 예수님의 인격과 사역을 배우고 닮아야 합니다.


우리 함께 기도해요.

우리 아빠 엄마의 결혼생활을 축복해 주세요. 아빠 엄마가 그리스도와 교회의 관계를 닮아 가게 해 주세요.

# ◻ 목요일

**에베소서 5:28-33** 그리스도와 교회

오늘 본문 말씀을 읽고 답해 보세요.

남편은 아내를 어떻게 사랑해야 하나요? 28절에서 찾아보세요.

**자기 자신과 같이.**

한 걸음 더 들어가 볼까요?

아빠 엄마의 결혼 생활은 예수님과 교회의 관계와 어떤 점에서 비슷한가요? 아빠는 엄마를 자기 자신과 같이 사랑하고, 엄마는 아빠를 존경하나요? 예수님과 교회의 관계를 보면서 결혼에 대해 무엇을 배울 수 있을지 돌아가며 이야기해 보세요.

★☆★

오늘 꼭 기억해야 할 메시지를 함께 읽어 봅시다.

결혼과 사랑의 예화를 통해서 하나님이 사람들을 얼마나 사랑하시는지 보여 주셨습니다.

우리 함께 기도해요.

더 많은 사람들이 신랑이신 예수님과 결혼하게 해 주세요.

# ◻ 금요일

오늘 본문 말씀을 읽고 답해 보세요.

다른 사람들을 어떻게 생각해야 하나요? 3절에서 찾아보세요.

**자기보다 낫게 여겨야 해요.**

한 걸음 더 들어가 볼까요?

어떻게 하면 4절에서 말한 것처럼 다른 사람들의 일을 돌볼 수 있을까요? 가족이나 친구에게 어떻게 하면 그렇게 할 수 있을지 돌아가며 이야기해 보세요.

★☆★

오늘 꼭 기억해야 할 메시지를 함께 읽어 봅시다.

다른 사람을 나보다 낫다고 생각하고, 내 것만 챙기는 것이 아니라 다른 사람의 일도 돌보라고 하십니다.

우리 함께 기도해요.

제 생각과 행동이 이기적이지 않게 해 주세요.

# ⬜ 토요일

## **빌립보서 2:5-11**  겸손하기 위한 방법

오늘 본문 말씀을 읽고 답해 보세요.

우리는 누구의 마음을 품어야 하나요? 5절에서 찾아보세요.

**그리스도 예수의 마음.**

한 걸음 더 들어가 볼까요?

6-8절을 보면 예수님은 하나님이셨지만 자신을 낮추셔서 사람이 되시고 십자가에 달려 죽으셨어요. 예수님 자신보다 우리를 더 생각하고 위하셨기 때문이에요. 이 예수님의 마음을 가지면, 친구들 사이에서나 집에서 어떻게 행동하게 될까요? 돌아가며 이야기해 보세요.

★☆★

오늘 꼭 기억해야 할 메시지를 함께 읽어 봅시다.

예수님은 우리도 예수님처럼 자신보다 다른 사람의 생명을 먼저 생각하는 마음을 품으라고 하셨습니다.

우리 함께 기도해요.

예수님, 예수님보다 저를 먼저 생각해 주셔서 하늘의 영광을 버리고 이 땅에 사람으로 와 주셔서 감사해요. 저도 다른 사람을 더 생각하며 그들이 예수님의 생명을 누릴 수 있도록 힘써 전하게 해 주세요.

# ⌂ 주일

**오늘 설교 시간에 들은 성경 본문을 같이 읽어 보겠습니다.**


오늘 교회에서 하나님이 어떤 분이라고 배웠나요?

..........................................................................................................................

오늘 교회에서 죄가 무엇이라고 배웠나요?

..........................................................................................................................

오늘 교회에서 예수님이 어떤 분이라고 배웠나요?

..........................................................................................................................

오늘 교회에서 날마다 어떻게 생각하고 말하고 행동해야 한다고 배웠나요?

..........................................................................................................................

설교를 듣고 나서 무엇을 가장 크게 깨달았나요?

..........................................................................................................................

설교를 듣고 나서 뭐라고 하나님께 기도를 드렸나요?

..........................................................................................................................

## 탐험 49.

# 믿음의 전당

### 🧭 탐험 지도

오래전 탐험에서 구약의 믿음의 영웅들을 만난 적이 있는데, 기억나나요? 이번 탐험에서 다시 그 영웅들을 만나 볼 거예요! 히브리서를 보면, 구약의 영웅들도 우리처럼 하나님이 약속하신 구원자를 믿었어요. 그들은 앞으로 오실 구원자 예수님을 바라봤고, 우리는 이미 오신 구원자 예수님을 바라보고 있는 거예요. 이렇게 우리는 모두 예수님을 바라보고 있어요. 히브리서 탐험에서 우리는 구약에서 한 예언이 신약에서 예수님으로 완전히 이루어졌다는 걸 확인할 수 있어요. 예수님은 하나님의 마지막 제물이시고, 하나님의 마지막 제사장이시며, 하나님의 마지막 성막이시고, 하나님의 마지막 언약이십니다.

**이번 주 우리 집 기도 제목**

이번 주에 함께 곰곰이 생각하고 외워 볼 말씀은 히브리서 11장 6절이에요.

## ☐ 월요일

### 히브리서 11:1-6  하나님을 기쁘시게 하는 믿음

오늘 본문 말씀을 읽고 답해 보세요.

믿음으로 우리는 무엇을 알 수 있나요? 3절에서 찾아보세요.

**모든 세계가 하나님의 말씀으로 지어졌다.**

한 걸음 더 들어가 볼까요?

믿음이 없으면 무엇을 할 수 없나요? 6절에서 찾아보세요.

**하나님을 기쁘시게 할 수 없어요.**

★☆★

오늘 꼭 기억해야 할 메시지를 함께 읽어 봅시다.

우리가 아무리 대단한 걸 하더라도 예수님을 믿지 않으면 하나님을 기쁘시게 하지 못합니다.

우리 함께 기도해요.

하나님을 기쁘시게 하는 믿음을 갖게 해 주세요.

# ☐ 화요일

**히브리서 11:7-12** 천국을 바라보는 믿음

오늘 본문 말씀을 읽고 답해 보세요.

하나님이 살던 고향에서 떠나라고 하실 때 아브라함은 어떻게 순종했나요? 8절에서 찾아보세요.

**믿음으로.**

한 걸음 더 들어가 볼까요?

아브라함은 무엇을 바라보았나요? 10절에서 찾아보세요.

**하나님이 계획하시고 지으실 터가 있는 성.**

+ 이곳이 바로 천국이에요.

★☆★

오늘 꼭 기억해야 할 메시지를 함께 읽어 봅시다.

예수님의 구원하심을 믿는 믿음이 있으면, 하나님께 순종하고 이 세상 너머 천국을 바라보게 됩니다.

우리 함께 기도해요.

하나님께 순종하고 천국을 소망하는 믿음을 주세요.

# ▢ 수요일

**히브리서 11:13-16** 잘 살고 잘 죽게 하는 믿음

오늘 본문 말씀을 읽고 답해 보세요.

구약의 영웅들은 어떻게 죽었나요? 13절에서 찾아보세요.

**믿음을 따라.**


한 걸음 더 들어가 볼까요?

13절에서는 신자들을 이 땅의 외국인과 나그네라고 해요. 무슨 뜻일까요?

**우리의 집은 이 땅이 아니에요. 우리는 이 땅에서 영원히 머물며 사는 사람이 아니라, 이 세상을 지나 더 나은 세상으로 가는 사람들이에요. 그래서 이 세상에서 더 많이 누리려고 집착하지 않아요.**


★☆★

오늘 꼭 기억해야 할 메시지를 함께 읽어 봅시다.

하나님을 믿는 믿음은, 우리가 이 땅에서 나그네로서 잘 살게 해 주고, 죽음을 평온하게 받아들일 수 있게 해 줍니다.


우리 함께 기도해요.

우리가 이 땅에서 나그네로 살고 있다는 사실을 늘 기억하게 해 주세요.

하나님 나라를 바라보며 살게 해 주세요.

# 목요일

오늘 본문 말씀을 읽고 답해 보세요.

아브라함은 아들 이삭을 제물로 바치기로 마음먹으면서 어떤 생각을 했나요? 19절에서 찾아보세요.

**하나님이 능히 이삭을 죽은 자 가운데서 다시 살리실 거라고 생각했어요.**

한 걸음 더 들어가 볼까요?

부활하면 무엇이 달라질 것이라고 기대하나요?

+ 우리 몸은 약하고, 자주 아프고, 나이가 들수록 할 수 있는 일들이 줄어들어요. 하지만 부활하면 이 모든 것들이 달라질 거라고 자녀에게 설명해 주세요.

★☆★

오늘 꼭 기억해야 할 메시지를 함께 읽어 봅시다.

하나님의 백성은 항상 몸의 부활을 믿었습니다. 그 믿음이 현재의 삶과 미래를 더 희망차게 바라보게 했습니다.

우리 함께 기도해요.

우리 몸이 완전해지는 부활의 때를 감사함으로 기다리게 해 주세요.

## ▢ 금요일

**히브리서 11:23-28** 항상 그리스도를 선택하는 믿음

오늘 본문 말씀을 읽고 답해 보세요.

모세는 무엇을 더 크게 여기고 선택했나요? 26절에서 찾아보세요.

**그리스도를 위하여 받는 수모를 애굽의 모든 보화보다 더 큰 재물로 여겼어요.**

한 걸음 더 들어가 볼까요?

24, 27-29절에서 모세의 인격에서 눈에 띄는 특징을 찾아보세요.

**믿음.**

★☆★

오늘 꼭 기억해야 할 메시지를 함께 읽어 봅시다.

모세는 장차 오실 그리스도를 믿어서 구원받았고, 또한 하나님의 백성의 위대한 스승과 리더가 되었습니다.

우리 함께 기도해요.

세상은 자신을 선택하라고 계속 유혹해요. 그래도 우리는 언제나 예수님만 선택하게 해 주세요.

# 토요일

**히브리서 11:32-40** 나라들을 정복하는 믿음

오늘 본문 말씀을 읽고 답해 보세요.

구약에서 믿음으로 살았던 사람들에는 또 누가 있나요? 32절에서 찾아 보세요.

**기드온, 바락, 삼손, 입다, 다윗, 사무엘, 선지자들.**

한 걸음 더 들어가 볼까요?

이들은 모두 믿음으로 무엇을 받았나요? 이 부분은 새번역 성경 39절 앞 부분에서 찾아볼게요.

> + 새번역 성경으로 이 본문을 불러 주며 따라 읽게 하세요. "이 사람들은 모두 믿음으로
> 말미암아 훌륭한 사람이라는 평판은 받았지만."

**훌륭한 사람이라는 평판.**

> + 믿음이 좋다고 인정받았다는 뜻이에요.

★☆★

오늘 꼭 기억해야 할 메시지를 함께 읽어 봅시다.

세상이 아니라 하나님께 좋은 평가를 받는 것이 우리의 목표입니다.

우리 함께 기도해요.

하나님이 보시기에 좋은 믿음을 갖게 해 주세요.

# □ 주일

**오늘 설교 시간에 들은 성경 본문을 같이 읽어 보겠습니다.**

오늘 교회에서 하나님이 어떤 분이라고 배웠나요?

..............................................................................................................

오늘 교회에서 죄가 무엇이라고 배웠나요?

..............................................................................................................

오늘 교회에서 예수님이 어떤 분이라고 배웠나요?

..............................................................................................................

오늘 교회에서 날마다 어떻게 생각하고 말하고 행동해야 한다고 배웠나요?

..............................................................................................................

설교를 듣고 나서 무엇을 가장 크게 깨달았나요?

..............................................................................................................

설교를 듣고 나서 뭐라고 하나님께 기도를 드렸나요?

..............................................................................................................

**탐험 50.**

# 불사르는 혀,
# 장차 불탈 세상

### ⊘ 탐험 지도

서신서란 편지예요. 바울만 서신서를 쓴 건 아니에요. 야고보, 베드로,
요한도 썼어요. 그러나 그들이 쓴 편지는 바울이 쓴 편지보다 짧았고, 또
바울처럼 여러 번 쓰지도 않았어요. 이번 주 탐험에서는 그들의 짧은 편
지들 중에서 몇 부분을 살펴보려고 합니다.

**이번 주 우리 집 기도 제목**

이번 주에 함께 곰곰이 생각하고
외워 볼 말씀은 **요한일서 1장 7절**
이에요.

# ☐ 월요일

**야고보서 3:1-5 말의 힘 (1)**

오늘 본문 말씀을 읽고 답해 보세요.

우리 몸에 있는 혀를 어떻게 설명했나요? 5절을 읽고 생각해 보세요.

**작은 불이 많은 나무를 태울 수 있는 것처럼, 혀는 작지만 큰 힘을 가지고 있어요.**

한 걸음 더 들어가 볼까요?

나는 어떤 면에서 혀를 잘못 사용했나요? 주로 나를 자랑하는 데 쓰지는 않았나요? 돌아가며 이야기해 보세요.

★☆★

오늘 꼭 기억해야 할 메시지를 함께 읽어 봅시다.

혀는 작지만 힘이 세고 영향력이 큽니다.

우리 함께 기도해요.

거짓말하고 친구를 헐뜯은 일들을 회개합니다. 또 저를 너무 자랑한 것을 용서해 주세요.

# ☐ 화요일

**야고보서 3:6-12** 말의 힘 (2)

오늘 본문 말씀을 읽고 답해 보세요.

누가 혀를 길들일 수 있을까요? 8절에서 찾아보세요.

**어떤 사람도 혀를 길들일 수 없어요.**

한 걸음 더 들어가 볼까요?

10절에 보면 우리가 하지 말아야 할 일이 있다고 말해요. 무엇일까요?

**하나님을 찬송하면서 다른 사람을 저주하거나, 반대로 계속 다른 사람을 저**
**주하면서 동시에 하나님을 찬송하면 안 된다고 해요.**

★☆★

오늘 꼭 기억해야 할 메시지를 함께 읽어 봅시다.

하나님이 도와주셔야 우리가 하나님이 기뻐하시는 말을 할 수 있습니다.

우리 함께 기도해요.

다른 사람을 흉보거나 욕하지 않고 격려하고 축복하는 말을 하게 해 주
세요. 날마다 하나님을 더 찬송하게 해 주세요.

# ▢ 수요일

**베드로후서 3:1-7**  이전 세상은 홍수로 멸망했다

오늘 본문 말씀을 읽고 답해 보세요.

베드로가 무엇을 경고했나요? 3-4절에서 찾아보세요.

**말세에 신앙을 조롱하는 자들이 있을 것이다.**


한 걸음 더 들어가 볼까요?

말세에 세상에 무슨 일이 일어날까요? 7절에서 찾아보세요.

**불로 심판을 받아요.**


★☆★

오늘 꼭 기억해야 할 메시지를 함께 읽어 봅시다.

이 세상의 마지막 날, 심판과 멸망의 날은 우리가 생각하는 것보다 훨씬 금방 옵니다.


오늘 꼭 기억해야 할 메시지를 함께 읽어 봅시다.

심판과 멸망의 날에 우리를 원수로부터 지켜 주시고, 이 세상이 불타 없어질 거라는 말씀을 항상 기억하게 해 주세요.

# □ 목요일

**베드로후서 3:8-13** 세상이 불탈 것이다


오늘 본문 말씀을 읽고 답해 보세요.

베드로는 왜 주께서 심판하러 돌아오시는 것을 도둑이 오는 것에 빗대어 설명했나요? 10절을 읽고 생각해 보세요.

**대부분의 사람이 준비되어 있지 않을 거라서. 예수님이 아무도 생각하지 못했던 때에 갑자기 오실 것이기 때문이에요.**


한 걸음 더 들어가 볼까요?

11-12절을 읽고 이 땅에 다시 오실 주님을 맞이할 준비를 어떻게 하고 있는지 돌아가며 이야기해 보세요.

**기도, 성경 읽기, 믿음, 회개 등.**


★☆★

오늘 꼭 기억해야 할 메시지를 함께 읽어 봅시다.

예수님이 다시 오셔서 세상을 불태우시고 새 하늘과 새 땅을 만드실 때를 준비해야 합니다.


우리 함께 기도해요.

예수님이 다시 오실 날을 늘 깨어 준비하게 해 주세요. 그때 이 세상을 심판하시고 우리를 새롭고 완전한 세상으로 데려가실 것을 믿습니다.

# □ 금요일

## 요한일서 1:1-7  죄를 씻어 주시다

오늘 본문 말씀을 읽고 답해 보세요.

요한은 하나님을 무엇이라고 설명하나요? 5절에서 찾아보세요.

**빛. 어둠이 조금도 없으신 분.**

한 걸음 더 들어가 볼까요?

우리가 빛 안에서 행하는지를 어떻게 알 수 있나요? 7절을 보고 생각해 보세요.

**예수님의 피로 깨끗함을 받고, 다른 믿음의 사람들과 사귈 수 있게 돼요.**

★☆★

오늘 꼭 기억해야 할 메시지를 함께 읽어 봅시다.

우리는 예수님의 피로 깨끗해져서 하나님의 빛에 들어가고 다른 믿음의 사람들과 사귈 수 있습니다.

우리 함께 기도해요.

하나님의 빛을 우리 삶에 비춰 주시고, 우리를 통해 다른 사람들에게도 빛이 비치게 해 주세요.

# ☐ 토요일

오늘 본문 말씀을 읽고 답해 보세요.

우리 죄를 자백하면 어떻게 되나요? 9절에서 찾아보세요.

**우리 죄를 사하시며, 우리를 모든 불의에서 깨끗하게 해 주세요.**

한 걸음 더 들어가 볼까요?

죄를 자백한다는 것은 무슨 의미인가요?

**하나님이 나의 죄를 알려 주시면 인정하고, 내가 지은 죄를 돌아보고 슬퍼하며 하나님께 다 털어놓는 거예요.**

★☆★

오늘 꼭 기억해야 할 메시지를 함께 읽어 봅시다.

나의 죄를 하나님께 솔직히 말씀드리고 회개하면 심판과 죽음 대신 용서와 생명을 주십니다.

우리 함께 기도해요.

제가 지은 모든 죄를 고백합니다. 용서해 주시고, 저를 깨끗하게 해 주세요.

# ◻ 주일

**오늘 설교 시간에 들은 성경 본문을 같이 읽어 보겠습니다.**

오늘 교회에서 하나님이 어떤 분이라고 배웠나요?

.........................................................................................

오늘 교회에서 죄가 무엇이라고 배웠나요?

.........................................................................................

오늘 교회에서 예수님이 어떤 분이라고 배웠나요?

.........................................................................................

오늘 교회에서 날마다 어떻게 생각하고 말하고 행동해야 한다고 배웠나요?

.........................................................................................

설교를 듣고 나서 무엇을 가장 크게 깨달았나요?

.........................................................................................

설교를 듣고 나서 뭐라고 하나님께 기도를 드렸나요?

.........................................................................................

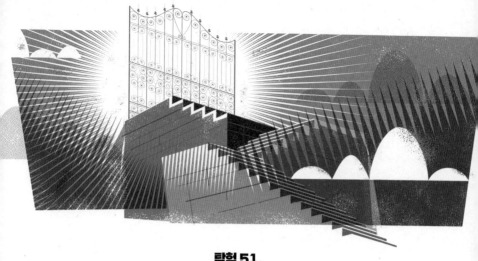

## 탐험 51.

# 성경 탐험 = 예수님 탐험

### ⊘ 탐험 지도

정말 멀고 험한 길을 걸어왔어요! 많은 나라들을 보았고, 많은 사람을 만났고, 성경도 많이 읽었어요. 그런데 그 오랜 시간 동안 만난 모든 길, 모든 사람, 모든 글이 가리킨 것은 처음부터 끝까지 구원자 예수님이에요. 우리가 했던 성경 탐험은 바로 예수님을 탐험하는 여행이었던 거예요. 창세기의 첫 탐험부터 지금까지 우리는 예수님에 대해 많은 것을 발견했습니다. 성경의 마지막 책에도 역시 예수님의 이야기가 가득해요. 이번 주 탐험에서도 우리는 예수님을 볼 거예요. 특히 예수님을 반대하는 세상 속에 있는 교회를 사랑하시는 예수님을 함께 만나 봅시다.

### 이번 주 우리 집 기도 제목

이번 주에 함께 곰곰이 생각하고 외워 볼 말씀은 요한계시록 1장 7절이에요.

# ◻ 월요일

오늘 본문 말씀을 읽고 답해 보세요.

예수님은 어떤 분이신가요? 5절에서 찾아보세요.

**충성된 증인. 죽은 자들 가운데에서 먼저 나시고, 땅의 임금들의 머리가 되신 분.**

한 걸음 더 들어가 볼까요?

예수님이 우리를 위해 무엇을 해 주시나요? 5절에서 찾아보세요.

**우리를 사랑하셔서 그의 피로 우리 죄에서 우리를 해방하십니다.**

+ 해방한다는 건 묶여 있는 데서 벗어나게 풀어 준다는 뜻이에요.

★☆★

오늘 꼭 기억해야 할 메시지를 함께 읽어 봅시다.

예수님이 어떤 분이신지, 어떤 일을 하셨는지 알게 해 주셔서 감사합니다. 예수님만이 모든 존귀와 영광을 받으실 분이십니다.

우리 함께 기도해요.

예수님의 은혜를 감사합니다. 항상 제 곁에 계셔 주셔서 감사해요. 저를 위해 해 주신 모든 일들에 감사해요.

**요한계시록 1:7-11** 시작과 끝이신 예수님

오늘 본문 말씀을 읽고 답해 보세요.

이 세상이 끝나는 날, 예수님이 다시 오실 때 무슨 일이 일어날까요? 7절에서 찾아보세요.

**모든 사람이 그분의 오심을 보게 되고, 땅에 있는 모든 족속이 애곡할 거예요.**

+ 애곡한다는 건 소리 내 슬피 운다는 뜻이에요.

한 걸음 더 들어가 볼까요?

왜 예수님을 시작과 끝(알파와 오메가)이라고 하는 걸까요? 8절을 읽고 생각해 보세요.

**이제도 있고, 전에도 있었고, 장차 올 분이시기 때문이에요.**

+ 예수님이 모든 것을 시작하셨고 모든 것을 끝내실 분이라는 뜻이에요.

★☆★

오늘 꼭 기억해야 할 메시지를 함께 읽어 봅시다.

예수님이 세상 모든 것의 시작과 끝이십니다.

우리 함께 기도해요.

예수님이 우리 삶의 처음과 마지막, 그리고 그 사이의 모든 것이 되심을 믿습니다. 예수님이 다시 오실 때 우리 가족 모두 후회하며 울지 않게 해 주시고, 기뻐하며 즐거워할 수 있게 해 주세요.

**요한계시록 1:12-16** 교회 가운데 계시는 예수님

오늘 본문 말씀을 읽고 답해 보세요.

예수님이 일곱 금 촛대 사이로 다니시는데, 이 일곱 금 촛대는 무엇을 가리키나요? 20절에서 찾아보세요.

**일곱 교회.**

+ 이것은 그리스도의 교회 전체를 가리켜요.

한 걸음 더 들어가 볼까요?

촛대들 사이에 나타나신 그리스도의 모습에서 무엇이 가장 인상적인가요? 그분을 묘사하는 13-16절을 읽고 돌아가며 이야기해 보세요.

★☆★

오늘 꼭 기억해야 할 메시지를 함께 읽어 봅시다.

세상 모든 교회 가운데 영광의 그리스도께서 함께하십니다.

우리 함께 기도해요.

이 땅의 교회들을 내버려 두지 않으시고 항상 우리 가운데 함께하시는 예수님, 감사해요.

## ⬚ 목요일

**요한계시록 1:17-20**　영광 중에 계시는 예수님

오늘 본문 말씀을 읽고 답해 보세요.

요한은 예수님을 보고 어떻게 됐나요? 17절에서 찾아보세요.

**예수님의 발 앞에 엎드러져 죽은 자같이 되었어요.**

한 걸음 더 들어가 볼까요?

예수님이 요한에게 하신 말씀에서 무엇을 알 수 있나요? 17절을 읽고 생각해 보세요.

**예수님은 요한에게 두려워하지 말라고 하셨어요. 예수님은 자신의 백성이 예수님을 무서워하기보다 즐거워하기를 바라세요.**

★☆★

오늘 꼭 기억해야 할 메시지를 함께 읽어 봅시다.

예수님이 죽음의 열쇠와 죽음 이후의 삶에 대한 열쇠까지 가지고 계시며, 그 두 가지를 다 주관하십니다.

우리 함께 기도해요.

번덕이 심한 사람이 아니라, 나쁜 사탄이 아니라 우리 예수님이 죽음의 열쇠와 죽음 이후 삶의 열쇠를 가지고 계셔서 정말 다행이에요. 감사하고 또 감사해요.

# □ 금요일

오늘 본문 말씀을 읽고 답해 보세요.

에베소 교회는 어떤 잘못을 했나요? 4절에서 찾아보세요.

**처음 사랑을 버렸어요.**

한 걸음 더 들어가 볼까요?

예수님에 대한 처음 사랑을 버린다는 것은 어떤 모습일까요? 돌아가며
이야기해 보세요.

**예를 들면, 성경을 읽지 않거나, 기도를 하지 않거나, 죄에 쉽게 빠져요.**

★☆★

오늘 꼭 기억해야 할 메시지를 함께 읽어 봅시다.

예수님은 우리가 항상, 그리고 제일 먼저 예수님을 사랑하기를 원하십
니다.

우리 함께 기도해요.

날마다 예수님을 더 사랑하게 해 주세요. 예수님보다 더 많이 사랑하는
것이 없게 해 주세요.

# ☐ 토요일

**요한계시록 2:8-11** 괴롭힘당하는 교회에 말씀하시는 예수님


오늘 본문 말씀을 읽고 답해 보세요.

충성하는 사람들에게 예수님은 무엇을 주실까요? 10절에서 찾아보세요.

**생명의 관.**

+ 영광과 존귀, 승리를 뜻해요.


한 걸음 더 들어가 볼까요?

예수님께 충성한다는 의미는 무엇일까요? 10절을 읽고 생각해 보세요.

**매일매일 어떤 상황에서도 예수님 말씀에 순종하는 거예요.**


★☆★

오늘 꼭 기억해야 할 메시지를 함께 읽어 봅시다.

예수님이 우리가 충성하는 모습을 다 보고 계시고, 마지막 날 줄 상을 준비하고 계십니다.


우리 함께 기도해요.

끝까지 예수님께 충성하게 해 주세요. 마지막 날 예수님 앞에 설 때 생명의 관을 받고 싶어요.

424

# □ 주일

**오늘 설교 시간에 들은 성경 본문을 같이 읽어 보겠습니다.**


오늘 교회에서 하나님이 어떤 분이라고 배웠나요?

.........................................................................................................................


오늘 교회에서 죄가 무엇이라고 배웠나요?

.........................................................................................................................


오늘 교회에서 예수님이 어떤 분이라고 배웠나요?

.........................................................................................................................


오늘 교회에서 날마다 어떻게 생각하고 말하고 행동해야 한다고 배웠나요?

.........................................................................................................................


설교를 듣고 나서 무엇을 가장 크게 깨달았나요?

.........................................................................................................................


설교를 듣고 나서 뭐라고 하나님께 기도를 드렸나요?

.........................................................................................................................

## 탐험 52.
# 새 세상

### ⊘ 탐험 지도

첫 탐험을 기억하나요? 첫 탐험에서 우리는 아름다운 에덴동산을 탐험
했어요(창세기 1장). 마지막 탐험에도 아름다운 동산이 있어요(요한계시록
21-22장). 죄가 들어와 첫 동산을 망가뜨렸지만, 하나님께서 새 하늘과 새
땅에 새 동산을 준비하셔서 하나님의 백성이 들어가 영원히 누리게 하셨
어요. 성경의 제일 마지막 두 장을 탐험하면서 우리 하나님이 예수 그리
스도를 믿는 사람들을 위해 예비하신 아름다운 새 세상을 들여다봅시다.

```
이번 주 우리 집 기도 제목
```

이번 주에 함께 곰곰이 생각하
고 외워 볼 말씀은 요한계시록
22장 20절이에요.

# ◻ 월요일

## 요한계시록 21:1-5  천국의 위로

오늘 본문 말씀을 읽고 답해 보세요.

예수님이 무엇을 닦아 주시나요? 4절에서 찾아보세요.

**우리의 모든 눈물.**


한 걸음 더 들어가 볼까요?

천국을 생각하면 무엇이 가장 기대되나요? 천국에 가면 뭐가 가장 좋을
것 같은지 돌아가며 이야기해 보세요.


★☆★

오늘 꼭 기억해야 할 메시지를 함께 읽어 봅시다.

천국에는 우리를 슬프게 하는 것이 아무것도 없습니다. 천국에는 우리
를 행복하게 하는 모든 것들이 있습니다.


우리 함께 기도해요.

우리가 이 땅에서 고난을 당할 때 천국을 바라볼 수 있도록 도와주세요.

# ☐ 화요일

오늘 본문 말씀을 읽고 답해 보세요.

무엇이 천국의 등불이 될까요? 23절에서 찾아보세요.

**어린양.**

한 걸음 더 들어가 볼까요?

누가 천국에 들어갈 수 있나요? 27절에서 찾아보세요.

**오직 어린양의 생명책에 기록된 자들만.**

★☆★

오늘 꼭 기억해야 할 메시지를 함께 읽어 봅시다.

모든 사람이 천국에 들어가지는 않습니다. 그러므로 세상 죄를 지고 가
는 하나님의 어린양을 바라보고 있는지 늘 나를 돌아보아야 합니다.

우리 함께 기도해요.

하나님의 어린양께서 제 모든 무거운 죄의 짐을 대신 져 주시니 감사해
요. 우리의 이름을 어린양의 생명책에 적어 주시고, 우리 가족 모두 천국
으로 인도해 주세요.

**요한계시록 22:1-5**  천국의 중심

오늘 본문 말씀을 읽고 답해 보세요.

우리는 천국에서 무엇을 할까요? 3절을 읽고 생각해 보세요.

**하나님의 어린양이신 예수님을 섬기고 예배해요.**

한 걸음 더 들어가 볼까요?

우리는 천국에서 무엇을 볼까요? 4절에서 찾아보세요.

**예수님의 얼굴.**

★☆★

오늘 꼭 기억해야 할 메시지를 함께 읽어 봅시다.

천국의 중심은 예수님입니다. 천국은 우리가 예수님을 보고 섬기는 곳입니다.

우리 함께 기도해요.

천국에서 예수님을 보고 섬길 수 있도록 이 땅에서 예수님을 보는 믿음과 예수님을 섬기는 은혜를 주세요.

## □ 목요일

### 요한계시록 22:6-11 멀지 않은 천국

오늘 본문 말씀을 읽고 답해 보세요.

누가 복이 있다고 했나요? 7절에서 찾아보세요.

**이 두루마리의 예언의 말씀을 지키는 자.**

한 걸음 더 들어가 볼까요?

이 세상이 끝나는 날에 무슨 일이 일어날까요? 11절에서 찾아보세요.

**불의를 행하는 자는 그대로 불의를 행하고, 더러운 자는 그대로 더럽고, 의
로운 자는 그대로 의를 행하고, 거룩한 자는 그대로 거룩할 거예요.**

+ 그날의 모든 사람의 영적 상태가 그 상태로 영원히 계속될 거예요. 그날이 언제 올지 모
르니 우리는 날마다 영적 상태를 거룩하게 지켜야 해요.

★☆★

오늘 꼭 기억해야 할 메시지를 함께 읽어 봅시다.

하나님의 말씀을 지키는 사람은 천국에 가고, 하나님의 말씀을 지키지
않는 사람은 지옥에 갑니다.

우리 함께 기도해요.

하나님의 말씀을 지켜서 영원히 천국에서 살게 해 주세요.

# ▢ 금요일

오늘 본문 말씀을 읽고 답해 보세요.

맞춰 보세요. 성경에서 예수님이 마지막으로 말씀하신 것 중 하나예요.

힌트를 줄게요. 17절에 세 번 나오는 표현이에요.

**오라.**

한 걸음 더 들어가 볼까요?

예수님의 초대장을 받아들이는 방법은 무엇인가요?

**예수님만이 그리스도이심을 믿으면 돼요.**

+ 그리스도는 구원자라는 뜻이에요.

★☆★

오늘 꼭 기억해야 할 메시지를 함께 읽어 봅시다.

예수님은 와서 구원받으라고 우리를 초대하십니다.

우리 함께 기도해요.

예수님, 저를 불러 주셔서 감사해요. 예수님께 가서 죄에서 구원받았어요. _____도 예수님의 초대를 받아들이게 해 주세요.

# □ 토요일

**요한계시록 22:18-21**  천국으로 안내하는 책

오늘 본문 말씀을 읽고 답해 보세요.

예수님이 말씀하신 두루마리는 무엇일까요? 18-19절을 읽고 생각해 보세요.

**성경.**

한 걸음 더 들어가 볼까요?

요한은 요한계시록을 읽는 모든 사람에게 어떤 축복의 말을 남겼나요? 21절에서 찾아보세요.

**주 예수의 은혜가 모든 자들에게 있을지어다!**

★☆★

오늘 꼭 기억해야 할 메시지를 함께 읽어 봅시다.

우리는 다 구원의 은혜가 필요합니다. 예수님이 선물로 주시는 사랑과 은총이 필요합니다.

우리 함께 기도해요.

우리 가족과 모든 사람에게 예수님의 은혜를 넘치게 부어 주세요.

## ㅁ 주일

**오늘 설교 시간에 들은 성경 본문을 같이 읽어 보겠습니다.**


오늘 교회에서 하나님이 어떤 분이라고 배웠나요?

........................................................................................................

오늘 교회에서 죄가 무엇이라고 배웠나요?

........................................................................................................

오늘 교회에서 예수님이 어떤 분이라고 배웠나요?

........................................................................................................

오늘 교회에서 날마다 어떻게 생각하고 말하고 행동해야 한다고 배웠나요?

........................................................................................................

설교를 듣고 나서 무엇을 가장 크게 깨달았나요?

........................................................................................................

설교를 듣고 나서 뭐라고 하나님께 기도를 드렸나요?

........................................................................................................

# 끝, 그리고 새로운 시작

축하한다! 방금 가족과 함께 성경 전체를 살펴보면서 일 년 52주 가정 예배를 모두 마쳤다! 물론 성경의 모든 장을 일일이 살펴본 것은 아니지만, 성경 이야기에서 중요한 산봉우리들을 모두 탐험했다. 하나님과 구원에 대해 살펴보는 일이 쉽지는 않았겠지만 마음에 기쁨이 컸기를 바란다.

자, 이제는 어떻게 할까? 이 책과 함께하는 탐험을 끝냈다고 해서 가정 예배까지 끝내서는 안 된다. 이제부터가 진짜 시작이다. 일 년 동안 매일 가정 예배를 드리면서 우리에게는 어느새 은혜로운 습관이 생겼다. 앞으로 이 습관을 계속 이어 가기를 바라고 기도한다.

사복음서 중 한 권을 선택해서 처음부터 끝까지 천천히 읽으면서 이 책에서 했던 것처럼 탐험해 보면 어떨까? 가장 먼저 하나님께 도와 달라고 기도하라. 그리고 날마다 몇 구절씩 읽고, 읽은 내용을 가지고 가족끼리 서로 질문하고 이야기 나눠 보라. 그리고 매주 한 구절씩 곰곰이 생각하며 외워 보라. 외울 말씀을 작은 종이에 써서 집에서 가장 잘 보이는 곳에 붙여 두고 수시로 보면서 잘 외우고 있는지 점검하면 좋다.

복음서를 한 권 끝내고 나면 구약에서 창세기나 시편을 보고, 그다음에는 다시 신약 순서로 공부하면 좋다. 이렇게 매일 몇 구절씩 읽고 나누다 보면 어느새 또 일 년 52주의 가정 예배가 완성될 것이다.

하나님께서 여러분의 가정을 하나님의 진리 안으로, 하나님의 사랑 안으로 더 깊이 인도해 주시기를 기도한다.

# EXPLORING
# THE BIBLE
*Together*